청소년을 위한
복음을 전하는 책

이 책의 성경 구절은 표준새번역본이고, 다른 역본을 사용한 경우 별도로 표기했습니다.

청소년을 위한

GOSPEL FOR YOU

이 재 욱

정말 사랑하는 너에게
가장 필요한 것을 주고 싶어.

_____에게

사랑하는 친구야

친구야,
세상에서 가장 기쁜 소식이 여기에 있어.
하나님이 주신 이 기쁜 소식은
지난 수천 년간 헤아릴 수 없이 많은
사람들의 삶을 송두리째 바꿔 놓았단다.

친구야,
누군가 이 책을 너에게 선물했다면,
분명히 그 사람은,
너를 진심으로 사랑하고,
너에게 줄 수 있는 제일 좋은 것이
무엇인지 아는 그런 사람일 거야.

부디, 끝까지 이 책을 읽어 주렴.
이 책을 읽는 동안
하나님이 너와 함께하실 거야.
너를 위해 기도할게.

"모든 육체는 풀과 같고, 그 모든 영광은
풀의 꽃과 같다. 풀은 마르고 꽃은 떨어지되,
주님의 말씀은 영원히 있다"(베드로전서 1:24-25).

차례

006 사랑하는 친구야
010 추천의 글

죽음: 사람은 죽기 위해 사는가?

018 아줌마의 화장실 024 어차피 죽고 말 걸 028 남 얘기가 아니야 032 눈 깜박하면 지나가는 인생이다 038 잔칫집보다 초상집에 가라

사람: 우연한 생명체? 목적 있는 창조물?

042 인간이 뭐니? 046 진화론, 과연 믿을 만한 것인가? 050 신앙도, 과학도 믿음의 문제다 054 세상을 보는 진실의 눈 058 성경은 과학책일 필요가 없다 062 인간, 하나님의 형상 066 사람이 창조된 목적

Part 3

죄: 모두가 죄인이라는 불편한 진실

072 선악과, 죄의 시작 078 사람이 신을 창조하다 082 원하는 선은 행하지 않고, 원치 않는 악을 행하다 090 루시퍼 이펙트, 내 안에 악마가 있다 094 모르고 짓는 죄, 우리가 죄와 무관할 수 없는 증거들 102 죽음 후에 벌어지는 일들

Part 4

구원: 하나님만 하실 수 있는 일

110 천국, 노력으로 갈 수 없는 곳 118 사실 누구도 자기 노력으로 살지 않는다 122 내가 책임질 수 없는 내 인생 126 물에 빠졌으면 살려 딜라고 외쳐라 130 사람이 할 수 없는 일을 하나님이 하시다 134 사람으로 오신 하나님, 예수 그리스도 138 우리를 위해 죽으신 구원자 144 가장 놀라운 기적, 구원 148 홍해의 기적과 거듭남의 의미 152 다시 태어난 사람들 156 예수님을 믿는다는 것은 무엇인가? 164 천국, 부활 그리고 세상의 종말 168 구원, 끝이 아닌 새로운 삶의 시작

추천의 글

청소년들에게 복음이 절실히 필요합니다. 복음은 그들의 귀에 늘 들려져야 합니다. 그러나 그 일이 쉽지만은 않습니다. 청소년들의 눈높이와 코드에 맞게 복음을 전하는 일은 많은 청소년 목회자와 교사들의 고민입니다. 여기, 이 고민을 함께 하는 청소년 사역자들이 아주 반가워할 만한 책이 나왔습니다. 청소년을 진심으로 사랑할 뿐 아니라 그들을 정말 잘 아는 저자를 통해 나온 '복음을 전하는 책'입니다. 이 책은 기독교의 핵심 진리인 복음을 청소년의 눈높이에 맞춰 재미있게 풀어 놓았습니다. 누구나 쉽게 읽을 수 있습니다. 청소년 전도를 위한 좋은 선물이 될 것입니다. 교회 안에 있지만 아직 구원의 확신이 없는 청소년들과 믿음의 기초 정립이 필요한 친구들에게도 큰 도움이 되리라 확신합니다.

신종철 목사 분당우리교회 주일학교 디렉터, 청소년부 팀장

"구원의 확신이 있니?", "그것을 어떻게 알 수 있니?"라는 질문이 이어지면 당당하던 아이들의 목소리가 점점 작아지는 것을 발견합니다. 아마도 복음에 대해 구체적으로 정리가 되어 있지 않기 때문일 것입니다. 왜일까요? 복음 전달자들이 제대로 설명해 주지 못했거나, 아니면 소화하기 어렵게 들려준 까닭은 아닐까요? 이 책은 청소년의 언어로 복음을 풀어낸 책입니다. 오랜 기간 청소년들에게 복음을 쉽게 전달하기 위해 사투해 온 저자의 인고가 느껴지는 책입니다. 삶의 근본적인 문제를 고민하는 청소년들에게 가까이 두고 반복해서 읽기를 권합니다.

노희태 목사 온누리교회 차세대 본부장, 두란노 〈새벽나리〉 편집장

이재욱 목사님은 한국 교회의 청소년들에게 꼭 필요한 분입니다. 오랫동안 많은 청소년들에게 사랑과 열정으로 복음을

전해 왔습니다. 추천할 만한 청소년 도서가 많지 않은 상황에서 단비 같은 저자의 책이 많은 청소년들에게 읽히길 바랍니다. 이 책은 특히 감각적인 일러스트를 곁들여 청소년들의 신앙 고민을 때론 삼촌처럼, 때론 친구처럼 따스한 필체로 공감하면서 조곤조곤 다루고 있습니다. 혼란 속에서 신앙과 삶의 답을 찾고 있는 청소년들에게 큰 도움이 될 것으로 믿으며 강력 추천합니다.

김형민 목사 우리들교회 청소년부 디렉터

청소년 사역 현장에서 땀과 눈물 쏟으며 찾아낸 해답은 결국 '복음'이었습니다. 복음만이 청소년을 살립니다. 복음만이 이들의 인생을 송두리째 변화시킬 수 있습니다. 역시 유일한 답은 복음입니다! 그래서 이 책이 더할 수 없는 기쁨으로 다가옵니다. 복음을 쉽고 정확하게 풀어내는 책! 한번에 읽어 내려가며

유쾌하고 찡하게 감동했습니다. 십자가 복음이 희미해져 가는 요즘, 메마른 청소년들의 심령에 단비가 될 것을 기대합니다.

박중원 목사 새로남교회 청소년사역 팀장

저자를 처음 만난 곳은 산동 유스코스타(Youth KOSTA)였습니다. 저녁 집회 때 저자의 설교를 들으면서 "어쩜 저렇게 청소년들의 눈높이에 딱 맞는 설교를 할 수 있을까?" 하며 감동한 기억이 있습니다. 그런 저자가 청소년들의 언어로 '복음'을 설명하는 글을 내놓았습니다. 그들의 호기심과 고민에 대한 저자의 관심이 '청소년 복음 백과사전'처럼 구석구석 반영되어 있습니다. 청소년을 사랑하는 사역자 한 사람으로서 저자의 수고에 감사합니다. 청소년 친구들과 청소년 자녀를 둔 부모님 그리고 모든 청소년 사역자들에게 이 책을 강력 추천합니다.

임은미 목사 CAM 대학선교회 국제 디렉터

믿는 사람의 삶을 다룬 책들이 많이 있습니다. 교리의 다양한 국면을 설명해 주는 책들도 많이 있습니다. 그러나 죄와 심판, 십자가와 구원이라는 복음의 핵심 주제를 꼭 집어 전해 주는 책은 많지 않습니다. 청소년들을 위한 책으로 좁혀 보자면 더더욱 그렇습니다. 그런 중에 복음을 이처럼 명료하고 이해하기 쉽게 쓴 책을 만난 것은 얼마나 큰 기쁨인지요. 이재욱 목사님은 내용을 깊이 다루면서도 쉽게 풀어내는 능력이 탁월한 분입니다. 청소년들뿐만 아니라 저처럼 갈증이 있던 청소년 사역자들과 부모님들에게도 적극 추천합니다.

강은도 목사 광교푸른교회 담임, 유스코스타 강사

다음세대 신앙 전수에 대한 위기가 높아지는 시대, 달라진 아이들에게 '복음'의 핵심을 '재미'있게 전하려고 애쓰다 '재미'만 남고 '복음'은 사라진 시대에 둘러가지 않고 제목 그대로 청소년들을 향해 삶과 복음의 본질에 대해 묻는 도전적인 돌직구, 그러나 다양하고 적절한 예시를 통해 읽는 재미도 있는 책. 이 시대 바로 우리가 찾던 책입니다. 신앙에 대해 청소년들과 어떻게 이야기할지 몰라 고민하는 부모님과 선생님들께 말씀드립니다. 이 책을 함께 읽고 주제별로 하나씩 아이들과 이야기해 보십시오. 청소년뿐 아니라 본인의 삶과 믿음도 다시금 돌아보는 시간이 될 것입니다.

임종화 교사 좋은교사운동 공동대표

Part 1

죽음: 사람은 죽기 위해 사는가?

아줌마의 화장실

호스피스 병동에 입원한 한 아주머니가 있었습니다. 호스피스란 말기 암같이 치료가 불가능한, 이제 죽음이 가까운 환자가 되도록이면 편안하게 죽음을 맞을 수 있도록 돕는 봉사활동 또는 그런 일을 하는 사람을 말합니다.

아주머니는 내 집 장만이 꿈이었습니다. 번듯한 내 집에서 살아 본다면 소원이 없겠다고 생각했습니다. 아주머니는 집 장만을 위해 허리띠를 졸라매고 악착같이 돈을 모았습니다. 오랜 고생 끝에 아주머니는 드디어 집을 장만했습니다. 비록 낡고 작은 집이었지만 아주머니에겐 그 어떤 집보다 훌륭해 보였습니다. 처음 그 집에 들어간 날 가족들과 부둥켜안고 얼마나 울고 웃었던지요.

몇 년이 흘렀을까요. 그렇게 감동스러웠던 집이 슬슬 불편해지기 시작했습니다. 옛날 집이다 보니 낡고 좁고 불편했습니다. 무엇보다 마당에 따로 떨어져 있는 재래식 화장실이 얼마나 불편하던지요. 추운 겨울에 화장실에 갈라치면 짜증이 절로 나옵니다. 게다가 여름이면 진동하는 냄새는 어떻고요.

아주머니에게 또 다른 꿈이 생겼습니다. 집 안에 화장실이 있는 새 집을 장만하는 것이었습니다. 아주머니는 또 허리띠를 졸라매고 악착같이 일해서 돈을 모았습니다. 그러기를 수년, 드디어 화장실이 집 안에 있는 새 집을 장만한 아주머니, 감격의 눈물이 흐릅니다. 아이들은 볼일도 없는데 화장실을 몇 번이고 들락거립니다. "와 엄마, 이게 진짜 우리 집 맞아?"

이제 아주머니는 행복했을까요? 아니요. 시간이 지나자 또 불편해지기 시작했습니다. 아이들도 커 가는데 방도 하나씩 줘야겠고, 그러자니 집이 좀 더 넓어야 할 것 같았습니다. 적어도 화장실이 두 개는 있어야 할 것 같았죠. 아주머니의 다음 목표는 화장실이 두 개 있는 집이 되었습니다. 또 수년을 노력한 끝에 아주머니는 화장실이 두 개인 집을 장만했습니다.

새 집에 들어가 '이만하면 됐다' 하고 뿌듯해 하던 아주머니는 갑자기 청천벽력 같은 소식을 듣습니다. 말기 암으로 몇

개월 살지 못한다는 시한부 선고였습니다.

호스피스 병동에 입원한 아주머니는 인생이 허망하다고, 억울하다고 매일 눈물을 흘렸습니다. 이제 죽음을 앞두고 뒤돌아보니 자기 인생은 딱 세 글자로 표현되더랍니다. '화. 장. 실'

가끔 아이들에게 묻습니다. "너 나중에 뭐하고 싶니?"
적잖은 아이들이 이렇게 대답합니다. "돈 많이 벌고 싶어요."
다시 묻습니다. "돈을 왜 벌고 싶은데?"
"하고 싶은 거 하고, 사고 싶은 거 살 수 있잖아요!"
"그래… 하고 싶은 거 하고, 사고 싶은 거 사면 뭐할 건데?"
"그냥, 기분 좋잖아요. 폼도 나고."

보통은 여기서 대화가 끝납니다. 그러나 다음 얘기는 어렵지 않게 생각해 볼 수 있습니다. 기분 좋고 폼 나면 뭐할까요?

계속 기분 좋고 폼 나기 위해 또 열심히 돈을 법니다. 그래서 또 사고 싶은 것 사고, 하고 싶은 것을 합니다. 기분 좋고 폼 납니다. 기분 좋기 위해 또 돈을 법니다. 사고 싶은 것, 하고 싶은 것은 계속 생기니까요.

오늘도 최신 스마트폰이 우리를 유혹하고 있지 않습니까? 그 유혹이 아주머니에겐 화장실이었고, 어떤 친구에겐 스마트폰입니다. 누군가에겐 돈이고, 누군가에겐 성공입니다. 그 끝은 무엇입니까?

우리는 늙고 약해지고 결국 죽습니다. 앞만 보고 달려오다 문득 죽음을 코앞에 두고 보니 인생이 허망하고, 내 인생이 그저 화장실을 위해 존재했는가 하는 생각이 드는 것입니다. 우리가 '화장실'을 늘려 가는 동안, 죽음도 우리 인생을 가져가고 있었다는 끔찍한 사실을 깨닫습니다.

여러분의 '화장실'은 무엇입니까? 아무리 고귀한 꿈을 꾸고 목표를 세운다 해도 그걸 이루기 위해 밤낮 수고하다 죽고 끝나 버리는 인생이라면, 그 모든 게 헛됩니다. 아주머니의 화장실과 같습니다.

화장실이 아니라면 그럼 무엇을 찾아야 합니까?

죽음을 넘어서는
영원한 것을 찾아야 합니다.

그리고 영원한 것을 위해 살아야 합니다.

절대로 죽지도, 사라지지도 않을
영원한 것 말입니다.

그래야 우리 인생은 화장실의 굴레에서 벗어날 수 있습니다. 성경은 그 영원한 것이 무엇인지 가르쳐 줍니다. 그것이야말로 우리가 세상을 살아가는 진짜 이유입니다. 우리가 공부해야 한다면 바로 그 이유이고, 노력해야 한다면 바로 그 이유입니다.

어차피 죽고 말 걸

중3 무렵부터 저는 이런 생각을 했던 걸로 기억합니다. '도대체 왜 사나? 공부는 왜 하나?'

기독교 가정에서 태어났지만, 그때는 하나님을 제대로 믿지 않았기 때문에 저는 이에 대한 답을 얻을 수 없었습니다. 그러다 사춘기가 오고 부모님과 관계가 틀어지면서 그나마 있던 신앙마저 다 없어졌습니다. 사람은 죽으면 그냥 끝이라고 생각하게 되었습니다. 이런저런 책을 읽으면서 나름대로 개똥철학이 생긴 것입니다.

그러자 이렇게 힘들게 공부하고 부모님과 싸우며 살 필요가 없다는 생각이 들었습니다. 어차피 대학을 가나 못 가나, 성공하나 못 하나 죽고 끝나 버릴 인생, 그냥 지금 끝내도 되겠다 싶었습니다. 그래서 자살을 결심했습니다. 막상 자살을 시도하려니 막막했습니다.

어디서 떨어져 죽자니 너무 아플 것 같았습니다. 그렇다고 목을 매자니 너무 숨막힐 것 같았습니다. 그때 쓸데없이 용기(?)를 냈다면 저는 지금 이렇게 여러분에게 글을 쓰고 있지 못했겠죠.

그러다 선풍기를 틀어 놓고 자면 체온 저하로 죽을 수 있다는 얘기를 들었습니다. 이렇게 좋을 수가요. 정말 편안하게 죽을 수 있겠다 싶었습니다. 그래서 선풍기를 세게 틀어 놓고 잠을 잤습니다.

어떻게 됐을까요? 당연히 안 죽었습니다. 그때 분명하게 깨달은 사실은, 선풍기를 틀어 놓고 자면 죽지는 않고 감기에 걸린다는 것입니다. 천만다행으로 그 뒤로 다른 시도를 한 적은 없습니다.

그렇게 방황하며 무기력하게 학교생활을 하다가 고2 무렵, 하나님을 알게 되었습니다. 어려서부터 교회에 다녔지만 하나님을 바로 보게 된 것은 그때였습니다. 시간이 흐르면서 성경을 통해 더욱 하나님을 알게 되었습니다.

거기에는 놀라운 말씀이 쓰여 있었습니다. 누구도, 어떤 책도 명확히 알려 주지 않았던 삶의 이유와 목적이 거기에 있었습니다. 죽음 이후의 영원한 삶이 기록되어 있었습니다.

성경은 단지 어릴 때 들었던 옛날 이야기가 아니었습니다. 그것은 놀라운 책이었습니다. 나를 향한 하나님의 계획과 사랑 이야기가 쓰여 있었습니다.

그것은 제 심장을 온전히 덮고도 남았습니다.

세상 그 어떤 설명보다 강력한 증거에
마음이 사로잡히자 보는 눈이 바뀌었습니다.

마음이 바뀌었습니다.

무기력했던 삶이 완전히 바뀌었습니다.

남 얘기가 아니야

죽음, 영원 같은 이야기는 청소년이나 청년들에게 별로 와 닿지 않을 수 있습니다. 이제 막 인생의 황금기를 꽃 피우려는 친구들이 꽃이 지는 때를 상상하기란 쉽지 않은 일입니다.

노는 친구들은 노느라, 공부하는 친구는 공부하느라, 일하는 친구들은 일하느라 나중 일을 생각할 겨를이 없습니다. 꿈과 비전을 얘기하고 미래의 청사진을 그리기도 전에 '죽음'을 말하면 왠지 시작부터 초 치는 기분이 드는 것도 사실입니다.

그러나 우리는 그 일을 해야 합니다. 끝을 제대로 보지 못하면 제대로 된 삶을 살 수 없기 때문입니다. 어떤 목적을 갖고 살아가든 사람은 '죽음'이라는 종착지에 도착합니다.

누구도 예외가 없습니다. 그뿐인가요? 흔히 말하듯 오는 데는 순서가 있어도 가는 데는 순서가 없습니다. 언제 세상을 떠나도 이상할 게 없습니다. 우리는 이 땅에 오는 순간부터 늘 죽음을 등에 맞대고 살아갑니다.

저는 목사이기 때문에 장례식에 많이 참석합니다. 죽음은 나이를 가리지 않습니다. 갓난아기부터 어린이, 청소년, 청년, 어른에 이르기까지 수많은 이들의 죽음을 봅니다. 어찌 보면 사람은 모두 다 사형수 같다는 생각도 듭니다.

사형수라고 해서 바로 사형당하는 것은 아닙니다. 대개는 형을 선고받고 집행 시기를 기다립니다. 길게는 수십 년까지 갑니다. 그러다가 어느 날 형장으로 불려 가면 그제서야 자신이 죽게 된다는 걸 압니다. 우리가 그들보다 조금 더 자유롭고, 조금 더 오래 살 가능성이 있다는 것 말고는 크게 다를 게 없어 보입니다.

몇 년 전에 한 미션스쿨에 가서 수련회 설교를 했습니다. 저는 거기서도 죽음과 심판을 얘기했습니다. "누구도 내일을 장담할 수 없다. 오늘 이 설교가 내게도, 여러분에게도 마지막일 수 있다. 우리에게 구원이 필요하다면 그건 바로 오늘이어야 한다!"

그 후 두 주쯤 지났을까요? 뉴스에서 일가족이 사망한 교통사고 소식을 들었습니다. 부모님과 초등학생, 중학생 두 딸이 숨진 안타까운 사고였습니다. 저도 두 아이를 키우는 아빠이기에 남일 같지 않아 안타까웠습니다. 그런데 얼마 후 더 충격적인 소식을 들었습니다. 죽은 중학생 아이가 바로 얼마 전 제가 가서 설교했던 학교의 학생이었던 겁니다.

그날 제 눈으로 하나하나 훑었던 학생들의 눈망울이 떠올랐습니다. 저는 이렇게 외쳤더랬습니다. 오늘 이 설교가 여러분이 듣는 마지막 설교일지 모른다고, 우리에게 내일이 없을지 모른다고 말입니다. 죽음을 생각하라고, 죽음의 문제를 해결하지 못한다면 우리 삶은 비극이라고, 구원이 필요한 때는 내일이 아니라 바로 오늘이라고 말입니다.

그런데 그 말을 듣던 아이들 중 하나가 두 주 만에 정말로 세상을 떠났습니다. 정말 그렇습니다. 내일은 여러분의 것이 아닙니다! 우리는 1초 뒤의 일도 알지 못합니다. 그렇게 죽음은 늘 우리 곁에 있습니다.

우리에게 내일이 없을지 모른다고,
죽음을 생각하라고,

죽음의 문제를 해결하지 못한다면
우리 삶은 비극이라고,

구원이 필요한 때는 내일이 아니라
바로 오늘이라고 말입니다.

눈 깜박하면 지나가는 인생이다

"에이, 웬 협박? 그렇게 일찍 죽을 확률은 많지 않아요. 아직 시간은 충분해요."

그렇지 않습니다. 설령 여러분이 100살까지 산다 해도 그건 결코 긴 시간이 아닙니다. 정말입니다. 눈 깜박할 새입니다.

성경은 말합니다.

여러분은 내일 일을 알지 못합니다. 여러분의 생명이 무엇입니까? 여러분은 잠깐 나타났다가 사라져 버리는 안개에 지나지 않습니다(야고보서 4:14).

제가 초등학교 때 노스트라다무스의 예언이라는 게 떠돌았습니다. 그냥 떠돌기만 했던 건 아니고 잡지 기획기사로도 다뤄지고 그랬습니다. 어쨌든 그 예언자가 1999년에 지구가 멸망한다고 예언했다고 합니다. 초등학생인 저는 그 말을 듣고 얼마나 두려웠는지 모릅니다. 그래서 한번 세 보았습니다.

'1999년이 되면 내가 몇 살일까?'

세 보니 스물다섯 살이었습니다.

'스물다섯 살이면 많이 살았네. 죽어도 되겠어.'

그때는 스물다섯 살이 너무도 멀게 느껴졌고, 죽어도 별로 억울할 게 없는 나이라고 생각했습니다.

지금 제가 마흔 살입니다. 그럼 이제 죽어도 충분할 나이일까요? 하지만 여러분, 놀랍게도 제 속엔 여전히 초등학생인 저도, 중학생인 저도, 고등학생인 저도 남아 있습니다. 그래서 가끔 거울을 보다가 깜짝 놀랍니다. 고등학생인 제가 없고 웬 아저씨가 거기 서 있기 때문입니다.

주변 어른들에게 여쭤 보십시오. 다들 저 같은 마음일 겁니다. 할아버지, 할머니도 그 안에 소년, 소녀가 분명히 있습니

다. 그분들은 말합니다. 인생 짧다고, 눈 깜박할 새에 지난다고 말입니다.

제 딸이 열두 살입니다. 아직 아빠하고 자는 것을 좋아합니다. 어느 날 딸 방에서 함께 자다가 눈을 떴습니다. 창문 밖 가로등 불빛이 어슴푸레하게 스며든 방, 그 광경이 저를 아주 익숙한 과거로 순식간에 데려갔습니다.

예전에 제가 딸 나이 무렵 아버지와 이렇게 같이 자다가 한밤 중에 눈을 뜬 적이 몇 번 있었습니다. 그때도 창문으로 희미한 빛이 스며들었습니다. 저는 문득 무서워져 옆을 돌아보았습니다. 옆으로 누워 주무시는 아버지의 등이 보입니다. 슬금슬금 다가가 아버지 등에 꼭 붙어 다시 잠이 듭니다.

딸 아이 방에서 느끼는 30년 전 어느 밤과 똑같은 느낌… 여러분도 그런 경험을 해 봤는지 모르겠습니다. 한순간 그 방엔 분명 아버지와 제가 있었습니다. 30년 전 시간이 거기 있었습니다.

한데 다시 한번 눈을 깜박이니 딸의 모습이 보입니다. 눈 한 번 깜박하고 나니 초등학생인 저는 온데간데없고 그 자리에 초등학생인 딸이 누워 있습니다. 저쯤 누워 계시던 아버지는 사라지고 아버지가 된 제가 딸 옆에 누워 있습니다. 제 아버지는 이미 4년 전에 돌아가셨습니다.

일어나 멍하게 앉았습니다. 그렇습니다. 그저 눈 한번 깜박였을 뿐인데 30년이 지나가 버린 건 순간의 느낌이 아니었습니다. 정말 인생이 그렇게 지나갔습니다.

아직 제 마음속엔 초등학생인 제가 있는데, 든든한 아버지의 등이 있는데, 눈 한번 감았다 뜨니 초등학생인 저도 없고, 아버지도 세상에 계시지 않습니다.

인생이란 게 그런 건지도 모릅니다. 있다가도 사라질 안개, 지나고 나면 다신 돌아갈 수 없는 것 말입니다.

눈 한번 깜박하니 고등학생이 되고,
눈 한번 깜박하니 대학생이 됩니다.

눈 한번 깜박하니 아빠 엄마가,
할아버지 할머니가 되어 있습니다.

그분들도 처음부터 노인은 아니었습니다.

아직 인생이 길다고 말하는 여러분, 이 말씀을 들으십시오. "여러분은 내일 일을 알지 못합니다. 여러분의 생명이 무엇입니까? 여러분은 잠깐 나타났다가 사라져 버리는 안개에 지나지 않습니다"(야고보서 4:14).

잔칫집보다 초상집에 가라

시간은 안개처럼 순식간에 사라져 가고, 인생의 끝에서 우리는 죽음을 만납니다. 죽음은 남 얘기가 아닙니다. 우리 모두가 눈앞에 둔 문제입니다. 성경에 이런 말씀이 있습니다.

명예가 값비싼 향유보다 더 낫고, 죽는 날이 태어나는 날보다 더 중요하다. 초상집에 가는 것이 잔칫집에 가는 것보다 더 낫다. 살아 있는 사람은 누구나 죽는다는 것을 명심하여야 한다… 지혜로운 사람의 마음은 초상집에 가 있고 어리석은 사람의 마음은 잔칫집에 가 있다(전도서 7:1-2, 4).

성경은 잔칫집보다 초상집에 가는 게 낫다고 말합니다. 왜일까요? 인생의 즐거움을 누리는 것보다 인생의 마지막을 생각하는 게 중요하기 때문입니다.

우리는 죽음에 관심을 가져야 합니다. 달리기 경주자에게 출

발보다, 열심히 뛰는 것보다 중요한 게 있습니다. 결승선에 잘 들어오는 것입니다. 사는 것만 생각하는 사람은 어리석습니다. 지혜로운 사람은 죽음을 생각합니다.

죽음을 생각하는 사람에겐 반드시 이런 질문이 따릅니다.

"죽은 후에 우리는 어떻게 될까?"

"인생이 영원하지 않다면, 곧 죽음이 찾아온다면, 한 번뿐인 인생을 어떻게 살아야 할까?"

이제부터 그 이야기를 해 보려고 합니다.

우리는 누구인지, 왜 태어났는지,
죽은 후에는 어떻게 되는지,
그렇기 때문에 어떻게 살아야 하는지 말입니다.

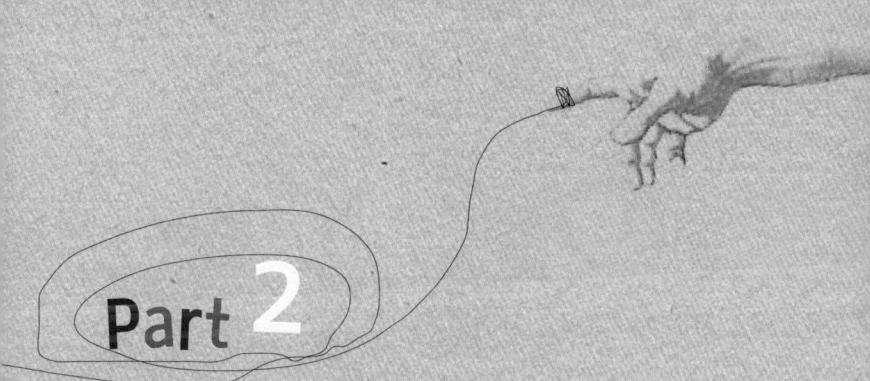

Part 2

사람: 우연한 생명체? 목적 있는 창조물?

인간이 뭐니?

중학교 시절, 도덕 선생님이 수업 시간에 짧은 글짓기 과제를 주셨습니다. 주제는 "인간이란 무엇인가?"였습니다. 잠시 시간이 주어지고, 몇몇 아이들이 일어나 자신의 생각을 발표했습니다.

"인간은 만물의 영장이다."
"인간은 특별하다."
"인간은 소중하다."

다들 인간이 얼마나 놀랍고 대단하며 소중한 존재인지 얘기했습니다. 드디어 제 차례가 되었습니다. 저는 일어나 제가 쓴 글을 읽었습니다.

"인간은 광활한 우주 안에서 티끌에 불과한 은하계, 그 은하계 안에서 티끌에 불과한 태양계, 그 태양계 안에서 티끌에 불과한 지구, 그 지구 안에서 티끌에 불과한 대한민국 땅, 서울, 그 서울 안에서 티끌에 불과한 한 사람으로 100년도 못 되는 인생을 살면서 자기가 대단한 줄 착각하는 어리석은 존재다."

참 대책 없이 우울한 중딩이죠? 선생님도 그렇게 생각하셨나 봅니다. 재밌다는 표정으로 제 이름을 물어보신 걸 보면 말입니다.

그런데 생각해 보십시오. 많은 사람들은 인간이 우주 속에 우연히 생겨난 생명체라고 생각합니다. 우연히 생겨나서 우연히 진화에 진화를 거듭한 결과 이런 고등생물이 되었다고 말입니다. 그렇다면 인간이 다른 동물과 뭐가 그렇게 다를까요? 뭐가 그렇게 특별하고 뭐가 그렇게 소중할까요?

이런 글을 읽은 적이 있습니다. "인간이 우연히 생겨나 진화를 거듭한 생물이라는 사실이 인간의 존재 가치를 훼손하지 못한다. 오랜 세월 동안 생존을 위해 투쟁한 결과가 지금의 인간이라면, 인간은 그만큼 존재할 만한 가치를 갖는다."

굉장히 멋진 말 같지만 조금만 더 생각해 보십시오. 뭐 다른 생물들은 생존투쟁을 거치지 않았나요? 이 시대의 생물들이 모두 거친 생존투쟁을 거쳐 살아남은 종들입니다. 그러니 인간이라고 해서 다른 동물들보다 더 특별하다고 말할 이유는 없습니다. 게다가 이런 논리대로라면 앞으로 더 진화된 고등인류가 출현할 경우, 지금의 인류는 멸종해도 된다고 말할 수도 있습니다.

비약이 심하다고요? 실제로 이런 생각을 실천에 옮긴 사람이 있습니다. 바로 아돌프 히틀러입니다. 히틀러는 나치당을 만들어 독일을 장악한 후 2차 세계대전을 일으키고 600만 유태인의 학살을 주도했던 인물입니다.

그는 우등 유전자를 가진 인간끼리 결합하면 우등한 인간이 나올 수 있다고 믿었습니다. 말하자면 의도적으로 인간 진화를 시도했습니다. 열등한 인간은 어차피 도태될 텐데, 우등한 종이 열등한 종을 도태시키는 건 자연스런 진화 법칙이지 '죄'가 아니라는 논리입니다. 이런 사상에 기대어 히틀러는 우등한 종의 오염을 막기 위해 이른바 열등한 종을 학살하기 시작했습니다. 그로 인해 600만 명의 유태인과 400만 명의 다른 민족들이 희생양이 되었습니다.

무서운 역사는 여기서 끝나지 않습니다. 2차 세계대전 후 들불처럼 번졌던 공산주의 사상으로 또다시 피비린내 나는 학살의 역사가 되풀이되었습니다. 공산주의 독재자들 역시 인류가 공산주의라는 완전한 사회를 향해 진화하기 위해선 반드시 열등한 체제와 그 체제에 오염된 열등한 인간을 제거해야 한다고 생각했습니다. 그 때문에 당시 소련(지금의 러시아)과 중국에서만 수천만 명이 학살당했습니다.

사상이라는 게 이렇게 무섭습니다.

당연한 진화 과정이라고 생각하니 수천만 명을
죽여도 죄책감을 느끼지 않습니다.

인간이 개나 소나 원숭이와 다를 바 없어집니다.

진화론, 과연 믿을 만한 것인가?

대부분의 과학자들이 인정하듯 최초의 우주는 거대한 폭발(빅뱅, Big Bang)로 시작되었다고 합니다. 그런데 빅뱅은 정말 우연히 일어난 걸까요? 성경의 창세기에선 하나님께서 첫 번째 창조하신 것이 '빛'이라고 말합니다. "하나님이 말씀하시기를 '빛이 생겨라' 하시니, 빛이 생겼다"(창세기 1:3). 빛이 있으라 하시니 '빅뱅!' 한 것은 아닐까요? 성경이 빅뱅설을 지지한다는 말이 아닙니다. 빅뱅을 하나님이 일으키셨다고 생각해도 되는데, 하나님은 없고 우연히 일어난 것이라고 꼭 말해야 할 이유가 어디 있냐는 것입니다.

빅뱅이 우연히 일어났느냐, 하나님이 일으키셨느냐는 과학으로 밝힐 수 있는 것이 아닙니다. 마찬가지로 백 번 양보해 진화론이 맞다고 해도 하나님이 진화를 일으키신 건지, 아니면 진화가 그냥 일어난 건지 과학으로 밝힐 순 없습니다.

진화론이 맞다고 해도 그것이 곧 신이 없다는 증거는 아닙니다. "난 진화론을 믿으니 신 따위는 없다고 생각해"라는 것은 또 다른 믿음이지 과학이 아닙니다. 과학은 진화가 왜 일어났는지 대답해 줄 수 없습니다. 사실은 진화 과정조차 제대로 다 설명해 주지 못합니다. 진화론자들은 아직까지 종과 종 사이의 진화가 정확히 어떻게 일어났는지 밝히지 못하고 있습니다. 그저 단

세포 생물이 다세포 생물이 되고 고등동물이 되어 양서류, 파충류, 포유류, 영장류, 영장류 중에서도 저능한 인간에서 고등한 인간으로 진화되었다고 말합니다.

그런데 지금 우리가 살아가는 세상을 보십시오. 이 세상엔 여전히 단세포 생물도, 다세포 생물도, 곤충도, 양서류도, 파충류도, 포유류도, 영장류도 그 모양대로 모두 존재하고 있습니다. 반면에 양서류에서 파충류로 넘어가

거나 파충류에서 포유류로 넘어가는 중간 생물은 없습니다. 우리보다 좀 덜 진화되었거나 더 진화된 인간도 없습니다.

학교에서 인류의 진화 과정을 배우며 오스트랄로피테쿠스, 네안데르탈인, 크로마뇽인 같은 말을 들었을 것입니다. 실제로 그것들의 실물은커녕 화석도 본 적 없지만요. 그런 화석을 보았다는 다른 사람들의 말과 이른바 전문가들의 소견을 믿을 뿐입니다. 그런데 우리가 철석같이 믿고 있는 전문가들도 의견이 서로 다릅니다. 심지어 모두가 옳다고 생각한 과학적 사실이 뒤집어지는 일도 과학계에선 비일비재합니다. 진화론은 직접 관찰하고 실험하기가 불가능하기 때문에 더욱 그렇습니다.

이 부분에 더 관심 있는 친구들은 『기독 교사와 학생을 위한 창조론 탐구학습』(좋은씨앗, 2010) 같은 책을 한번 읽어 보기 바랍니다.

진화가 어떻게 일어났는지도 아직 정확히 밝히고 있지 못하다면 진화론 자체가 맞는지 의심해야 하는 것 아닐까요? 그런데 진화론자들은 그런 의심은 하지 않습니다. 진화론 그 자체는 맞는데, 아직 진화하는 방법을 정확하게 밝히지 못했을 뿐이라고 굳게 믿으며 열심히 방법을 찾고 있습니다.

이쯤 되면 진화론은 과학이 아니라 믿음이라고 볼 수 있습니다. 진화론자들은 진화론에 대한 믿음을 갖고, 그것을 과학으로 설명해 보려고 지금도 애쓰고 있습니다.

근데 우리 지금 왜 이렇게 진화론 얘기를 하고 있는 거죠?

그건 우리 인간이 우연히 생겨나 진화해 온 생명체가 아니라 하나님께서 목적을 갖고 창조한 존재라는 걸 얘기하기 위해서야.

흠~ 알았어요. 진화론은 신이 없는 증거가 될 수 없다고 쳐요. 그렇다고 신이 있다는 증거도 없잖아요.

왜 없니? 성경이 있잖아.

에이, 과학적 증거도 없이 성경에 나오는 얘길 그냥 믿으라고요? 저 그렇게 비과학적인 사람 아니에요.

근데 너 그거 아니? 신앙뿐 아니라 과학도 믿음이 있어야 성립한다는 걸?

신앙도, 과학도 믿음의 문제다

성경은 과학적 증거를 통해 하나님을 알 수 있다고 말한 적이 한 번도 없습니다. 오직 믿음을 통해서만 하나님을 알 수 있다고 말합니다. 앞서 진화론도 믿음을 바탕으로 한다고 이야기한 것은, 진화론자들이 진화론은 과학이고 실험 관찰을 통해 검증된 객관적 사실이라고 철석같이 믿고 있기 때문에 한 말입니다.

성경은 처음부터 하나님의 존재는 믿음을 통해서만 알 수 있다고 밝히고 있습니다. 과학이 말해 줄 수 있는 영역이 아니라는 것입니다. 어떤 사람들은 "성경은 과학적으로 증명할 수 없는 사실을 너무 많이 말하고 있어 믿을 수 없다"고 말합니다. 그런데 재밌지 않나요? '과학적으로 증명할 수 없는 것은 믿을 수 없다'는 말 자체가 과학적으로 증명되지 않는 말이니 말입니다. 그런 사람은 사실상 "난 과학적 사실만 믿을 거야"라는 믿음을 갖고 있는 것입니다.

사람은 누구나 무언가를 믿습니다. 서로 다른 종류의 믿음을 갖고 있을 뿐입니다. 사실 대부분은 과학이 징확히 무엇인지 설명하지 못합니다. 그냥 막연히 성경은 과학적이지 못하고, 자신은 과학적인 것만 인정할 수 있다고 생각합니다. 저는 대학에 다닐 때 '과학철학'이라는 과목을 배웠습니다. 무엇이 과학인가를 연구하는 학문입니다.

흔히들 과학이 대단해서 그것으로 성경도 판단할 수 있다고 생각합니다. 한데 과학이 무엇인가에 대해 학계에서조차 의견이 분분합니다. 과학이란 것이 생각보다 명확하지 않다는 사실을 많은 사람들이 잘 모릅니다. 과학을 하는 데도 믿음이 필요하다는 사실은 더더욱 모릅니다. 과학에도 믿음이 필요합니다. 몇 가지 예를 들어 보겠습니다.

첫째, 과학을 하려면 이 세상이 존재한다는 것부터 믿어야 한다

무슨 말이냐고요? 존재하지 않는 것을 연구하는 건 과학이 아닙니다. 과학은 현상을 탐구하는 학문입니다. 어젯밤 꿈에 하늘로 날아가는 사과를 봤다고 해서 "만류인력의 법칙은 거짓이다"라는 과학적 결론을 낼 순 없습니다. 꿈은 현실이 아니기 때문입니다. 과학이 가능하려면 이 세상이 실제로 존재해야 합니다. 그런데 이 세상은 정말로 존재할까요?

고대 중국에 장자라는 유명한 철학자가 있었습니다. 그는 어느 날 낮잠을 자다가 나비가 되어 기분 좋게 꽃밭을 날아다니는 꿈을 꿨습니다. 그런데 꿈이 하도 생생해 자신이 나비 꿈을 꾼 건지, 아니면 나비가 지금 자신을 꿈꾸고 있는 건지 헷갈렸습니다. 여기서 나온 사자성어가 '호접지몽'(胡蝶之夢)입니다.

어떤가요? 지금 우리가 살고 있는 이 세상은 누군가의 꿈일 수도 있지 않을까요? 이런 생각은 동양철학뿐 아니라 서양철학에서도 중요하게 다룹니다. 근대 철학의 아버지 데카르트도 장자와 비슷한 의심을 했습니다. 〈매트릭스〉 시리즈나 〈인셉션〉 같이 이런 주제를 다룬 영화도 있습니다. 우리가 사는 세상이 현실인 줄 알았는데 알고 보니 기계가 만들어 낸 가상 현실 혹은 꿈이었다는 내용입니다. 혹시 누군가가 우리의 눈과 귀와 촉각과 미각을 속여 가짜를 진짜처럼 느끼게 하고 있는 건 아닐까요? 공상과학 영화에나 나올 법한 얘기지만 누구도 이 말이 틀렸다는 증거를 댈 순 없습니다. 그러니 과학을 하려면 일단, 이 세상은 꿈과 환상이 아니며 실재라는 것을 믿어야 합니다.

둘째, 과학을 하려면 자연계의 질서가 존재하며, 그 질서는 항상 동일하게 유지된다고 믿어야 한다

과학은 자연계의 법칙을 연구하는 학문입니다. 그런데 자연계에 정밀 질서가 존재할까요? 원래는 무질서한데 우연에 우연을 거듭해 지난 1억 년 동안만 질서 있는 것처럼 보인 건 아닐까요? 우리가 1억 년 동안 연구해 보지 않았으니 모를 일 아닌가요? 그런데 이렇게 의심하기 시작

하면 어떤 것도 과학이론이 될 수 없습니다. 과학을 하려면 일단 자연계에 질서가 있고, 그 질서가 항상 동일하게 유지된다는 것을 믿어야 합니다.

셋째, 과학을 하려면 부분 현상이 전체 현상을 대표할 수 있다고 믿어야 한다

"고래는 포유류로서 알이 아니라 새끼를 낳는다"는 말을 사실로 입증하려면 어떻게 해야 할까요? 수십 마리, 수백 마리의 고래를 관찰한 후 그와 같은 결론을 내리겠죠. 그런데 이 말이 정말 진실이 되려면 과거의 모든 고래와 현재의 모든 고래, 그리고 미래에 있을 모든 고래까지 관찰해야 합니다. 사실상 불가능한 일이죠. 그러니 수십 마리, 수백 마리 표본이 고래 전체를 대표할 수 있다고 믿어야 합니다. 그래야 실험과 관찰이 유효하고 과학이 가능해집니다.

이밖에도 과학을 하기 위해 필요한 믿음은 많이 있습니다. 분명한 것은 과학도 믿음 아래서 이뤄진다는 사실입니다. 믿지 않고는 어떤 생각도 행동도 할 수 없습니다. 그래서 어떤 믿음을 갖고 있느냐에 따라 그 사람의 생각과 말과 행동이 결정됩니다.

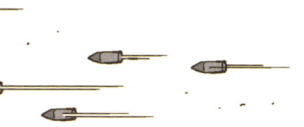

세상을 보는 진실의 눈

따뜻한 봄날 집을 나섭니다. 달콤한 꽃향기가 포근한 바람에 실려 와 코끝을 스칩니다. 친한 친구가 달려와 인사하며 와락 어깨동무를 합니다. 지금 이 상황을 '음… 향기가 화학적으로 어쩌구, 내 코가 생물학적으로 저쩌구, 친구와의 관계가 심리학적으로 어쩌구 저쩌구 한 거야' 하는 식으로만 설명할 수 있을까요? 듣기만 해도 짜증날 것 같습니다.

우리는 과학 말고도 세상을 보는 눈이 많이 있습니다. 부모님과 우리의 관계를 생물학적 결합의 산물만으로 설명할 순 없습니다. 부모님과 나의 관계를 제대로 설명하기 위해선 사랑과 믿음, 신뢰 같은 것을 통해 보는 눈이 필요합니다.

세상의 진실을 보는 여러 가지 눈이 있지만, 그 중에서도 믿음의 눈이 가장 중요합니다. 사람은 무엇이든 믿는 것이 있습니다. 믿음 없이 세상을 사는 사람은 없습니다. 신이 있다고 믿든, 신이 없다고 믿든, 과학을 믿든, 부모님을 믿든, 돈을 믿든, 자기 두 주먹을 믿든 말입니다. 그 믿음은 우리의 생각과 말과 행동을 지배합니다.

성경은 믿음에 대해 이렇게 말합니다.

믿음은 우리가 바라는 것들에 대해서 확신하는 것입니다. 또한 보이지는 않지만 그것이 사실임을 아는 것입니다. 옛날 사람들도 믿음으로 인정받았습니다. 믿음을 통해 우리는 이 세상 모든 것이 하나님의 말씀으로 창조되었다는 것을 이해합니다. 이것은 우리가 보고 있는 것들이 보이지 않는 어떤 것으로 만들어졌다는 것을 말합니다(히브리서 11:1-3, 쉬운성경).

성경은 바른 믿음을 통해 하나님과 하나님의 말씀으로 지어진 이 세상의 진실을 알 수 있다고 말합니다.

저는 성경을 믿습니다. 어떤 진화론자들의 믿음처럼 여러분이 조금 더 진화한 짐승이라고 믿지 않습니다. 여러분 중에 좀 못생긴 친구나 공부 못하는 친구, 집안형편이 어려운 친구, 장애 있는 친구가 있을지 모르겠습니다. 그런 친구들이라 할지

라도 결코 열등한 유전자이거나 태어날 필요가 없는데 태어난 존재가 아닙니다. 우월한 인류로 진화해 가기 위해 멸종되어야 할 존재가 아닙니다.

제 둘째 아들은 나면서부터 심장병이 있었습니다. 말하자면 건강하고 우월한 인자가 아닙니다. 그렇다고 제 아들이 다른 아이들보다 열등하다거나 어쩔 수 없어 태어난 존재라고 생각지 않습니다. 저는 하나님께서 이 아이를 우리 가정에 보내주셔서 한없이 감사합니다. 이 아이는 제 생명과 같고 온 세상보다 귀합니다. 하나님의 형상을 닮은 소중한 존재입니다.

간혹 이런 말을 하는 부모님이 있습니다. "아휴, 사실 넌 계획하지 않았는데 실수로 생겼어. 그날 밤 네 아빠가 술만 마시지 않았더라도…"

부모님도 모르는 게 있습니다. 부모님은 실수였는지 몰라도 하나님은 실수하지 않으십니다. 여러분은 어쩌다 보니 태어난 실수의 산물이 아니라 하나님께서 계획하신 소중한 존재입니다. 세상에 하나밖에 없는 존재입니다.

성경이 그렇게 말하고 있습니다. 성경은 세상이 우연히 생겼다고 말하지 않습니다. 사람을 우연한 진화로 인해 생겨난 생명체라고 말하지 않습니다.

태초에 하나님이 천지를 창조하셨다(창세기 1:1).

하나님의 형상대로 사람을 창조하셨다. 하나님이 그들을 남자와 여자로 창조하셨다(창세기 1:27).

사람이 짐승과 같다고요? 지독한 거짓말입니다. 여러분이 열등하고 가치 없다고요? 역시 거짓말입니다.

여러분은 짐승이 아닌 사람이며,
하나님의 형상을 닮은 특별한 존재입니다.

그러므로 내가 왜 태어났는지,
어떻게 해야 제대로 사는 건지 비로 알려면,
우리를 만드신 하나님을 알아야 합니다.

성경은 과학책일 필요가 없다

성경은 과학책이 아닙니다. 그렇다고 성경이 비과학적이라는 말은 결코 아닙니다. 성경은 과학을 넘어선 이야기를 하고 있습니다. 과학적 지식은 열심히 연구하면 얻을 수 있습니다. 그런데 성경은 아무리 연구해도 알 수 없는 영적 영역의 지식을 알려 주고 있습니다.

성경이 세상이 창조된 구체적인 방법과 과정을 과학적으로 설명하려 했다면 창세기 앞부분만 해도 지금 성경의 몇 배 분량은 되었을 것입니다. 그런데 성경에 나오는 창조 기록은 단 두 장에 지나지 않습니다. 성경은 각기 다른 저자가 기록한 66권의 책을 모은 것으로서 총 1,189장에 이릅니다(성경의 장수는 페이지와 개념이 다릅니다).

성경은 세상 창조를 워낙 간략하게 소개하고 있어 그 내용이 과학적으로 옳

다 그르다 논의하는 것 자체가 의미 없습니다. 기록이 간략한 만큼 구체적인 방법을 논하기엔 해석의 여지가 너무 많기 때문입니다.

예를 들어, 성경은 하나님이 세상을 6일 만에 창조하시고 7일째를 안식의 날로 정하셨다고 합니다. 그런데 성경의 기록을 보면 첫째 날에 생긴 건 '빛과 어두움'입니다. 그러고 나선 첫째 날이 지나갑니다. 이때는 아직 지구도, 태양도 생기기 전입니다. 지구가 한 바퀴 자전하는 24시간의 하루가 성립하기 전이라고도 할 수 있습니다.

여기 '날'이라는 단어로 번역된 히브리어 '욤'은 24시간 하루를 뜻하기도 하지만 보다 긴 어떤 기간을 표현할 때 쓰이기도 합니다. 그러니 창조 시간은 보다 긴 기간일 수 있습니다. '날'을 24시간 하루로 본다 해도 문제될 것은 없습니다. 지구는 없어도 시간은 있으니 하나님께서 하루를 먼저 24시간

으로 정한 후, 지구의 자전 속도를 거기에 맞추셨을 수도 있습니다. '욤'에는 물론 하루라는 뜻도 있습니다.

과학적 측정법으로 재 본 지구의 나이가 45억 년이라고 합니다. 지구가 6일 만에 창조되고 인류가 탄생했다면 이런 오랜 기간은 어떻게 설명할 거냐고 묻는 사람이 있습니다. 그 측정법이 과연 신뢰할 만한가 하는 것은 별도로 따져 볼 문제입니다만, 지구 나이가 실제로 45억 년이라고 해도 별로 문제될 것은 없습니다.

생각해 보십시오. 창조란 어차피 과학을 초월합니다. 과학 법칙이란 무에서 유를 창조하는 법칙이 아닙니다. 과학은 이미 '존재하는' 세계를 연구하는 학문입니다. 하나님께서 세상을 창조하시는 마당에 과학 법칙에 맞춰서 하셨을까요? 하루 만에 45억 년 된 지구를 만드시는 것은 불가능할까요? 하나님은 최초의 사람을 수정란으로 만들지 않으셨습니다. 처음부터 어른으로 만드셨습니다. 생물학적으로 스무 살이라 하더라도 실제 나이는 이제 한 살인 것입니다.

하나님께서 진화 과정을 통해 인간을 창조하셨다고 한들 그게 불가능한 일

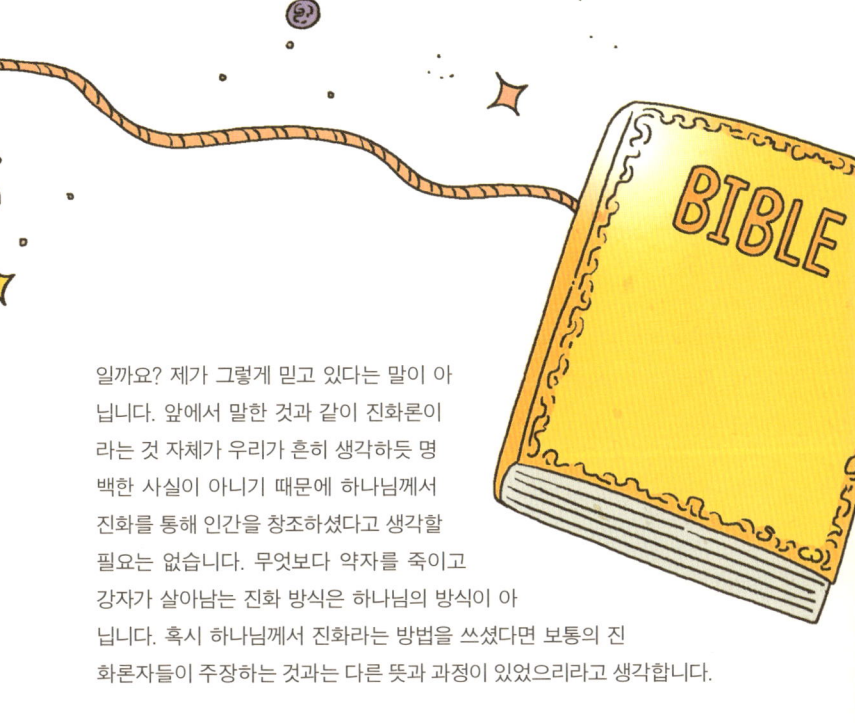

일까요? 제가 그렇게 믿고 있다는 말이 아닙니다. 앞에서 말한 것과 같이 진화론이라는 것 자체가 우리가 흔히 생각하듯 명백한 사실이 아니기 때문에 하나님께서 진화를 통해 인간을 창조하셨다고 생각할 필요는 없습니다. 무엇보다 약자를 죽이고 강자가 살아남는 진화 방식은 하나님의 방식이 아닙니다. 혹시 하나님께서 진화라는 방법을 쓰셨다면 보통의 진화론자들이 주장하는 것과는 다른 뜻과 과정이 있었으리라고 생각합니다.

어쨌든 성경은 과학책이 아니라는 점이 중요합니다. 성경은 과학을 초월하는 영역에 대한 지식을 담고 있습니다.

성경의 창조 기록은 한 가지 분명한 사실을 선언합니다. 하나님께서 이 세상 만물을 만드셨다는 것입니다. 그것은 시간, 빛과 어두움, 하늘과 땅, 식물과 동물, 인간에 이르기까지 모든 것을 만드셨다는 선언 그 이상도 이하도 아닙니다.

인간, 하나님의 형상

인간에겐 다른 동물들에게서 볼 수 없는 여러 가지 특징들이 있습니다. 인간은 높은 지능을 가지고 높은 수준의 언어를 사용합니다. 가끔 돌고래보다 지능이 낮아 보이는 친구가 있어 헷갈리긴 합니다만…. 어쨌거나 돌고래는 지능이 제법 높고, 다른 동물들도 "멍멍", "야옹" 할 줄 압니다.

하지만 인간과는 다릅니다. 인간은 보이지 않는 것을 표현하고 영적 언어들을 사용합니다. "자식, 아주 넋이 나갔구만"이라고 할 때, 여기서 '넋'이 뭡니까? 바로 영혼입니다. 우리는 농담도 영적으로 합니다.

인간은 창조성이 있습니다. 언어도 창조적입니다. 애들이 "버카충", "핵노잼", "솔까말" 그럽니다. 전 첨에 욕하는 줄 알았습니다. 인간이 마차를 발명한 지 수천 년이 지났지만 마차 비슷한 거라도 발명한 원숭이가 있다는 소린 들어본 적 없습니다.

사람은 예술을 합니다. 창조성에다가 풍부한 감성을 더합니다. 동물도 단순하고 본능적인 감정은 있습니다. 그러나 예술하는 동물은 없습니다.

저희 아이는 말도 제대로 못할 때부터 뭔가를 끄적거리기 시작했습니다. 피카소를 떠오르게 하는 알 수 없는 그림을 그렸습니다. '천잰가?' 했습니다. 근데 인간 애들은 다 그렇답니다. 충격이었습니다. 좀 크기 시작하니 노래를 흥얼거리며 춤을 춥니다. 더 커서 연애만 해 보십시오. "너는 내 심장이야" 이러면서 모두가 시인이 되고 가수가 됩니다.

인간이 동물과 다른 점은 한두 가지가 아니지만 가장 중요한 차이점이 있습니다. 그것은 인간이 하나님을 찾는다는 것입니다.

예배드리는 개를 본 적 있나요? 기도하는 돼지를 본 적 있나요? 훈련을 시키면 흉내는 냅니다. 그러나 동물들은 스스로 영적 행동을 하지 않습니다. 인간만이 영적 행동을 합니다. 왜 그럴까요?

오직 인간만이 하나님의 형상대로 창조되었기 때문입니다. 성경이 그렇게 말하고 있습니다. 하나님의 형상이란 영혼을 말합니다. 하나님은 '영'(靈)이시기 때문입니다.

뒤에서 자세히 살펴보겠지만, 인간의 영혼은 하나님을 떠나면서 깨져 버렸습니다. 깨지긴 했지만 그래도 인간에겐 영혼이 있습니다. 그래서 하나님을 잘 모르면 하나님 비슷한 거라도 찾습니다. 종교를 만들고 믿습니다. "난 신 따윈 믿지 않아"라고 말하는 사람이 종종 있긴 합니다. 그건 곧 신이 없다는 '믿음'을 가진 '무신론' 종교입니다. 동물은 아예 종교란 게 없습니다. 영혼이 없기 때문입니다.

인간은 동물에겐 없는 죄가 있습니다. 죄는 영혼의 문제입니다. 동물은 죄가 없습니다. 개가 길거리에 오줌을 눴다고 벌금을 매기지 않습니다. 반성하라고 시키지도 않습니다. 주인한테 책임을 묻습니다.

개가 무슨 죄입니까? 개는 그저 본능에 충실했을 뿐입니다. 개더러 "너는 왜 이렇게 윤리적이지 못하니? 도덕성이 없니?"라고 말하는 건 정신 나간 소리입니다. 개는 죄책감도 없고,

회개하는 것도 없습니다. 그러나 인간은 죄를 알고 죄책감을 갖습니다. 뉘우치고 용서를 빌 줄 압니다.

이처럼 인간은 다른 동물과는 완전히 구분되는 특별한 존재입니다. 원숭이가 조금 더 발달하면 되는 게 인간이 아닙니다. 여러분은 결코 진화한 원숭이가 아닙니다. 여러분은 하나님의 형상대로 지어진 소중한 존재입니다.

사람이 창조된 목적

궁금한 게 있습니다. 하나님은 왜 사람을 만드셨을까요? 하나님은 완전한 분인데 굳이 자기 형상을 따라 사람을 만드실 필요가 있었을까요?

우리가 하나님의 마음을 다 알 순 없습니다. 그러나 성경을 통해 분명하게 알 수 있는 것이 있습니다. 하나님은 우리를 사랑하셨습니다. 우리와 함께하며, 우리와 사귀며, 우리와 더불어 일하며 세상을 다스리길 원하셨습니다(요한일서 4:16, 창세기 1:28).

제가 아버지가 되고 나니 하나님의 이 마음을 조금은 알 것 같습니다. 제겐 딸 하나, 아들 하나가 있습니다. 큰 아이가 여섯 살쯤 되었을 때인가요? 집에 들어온 제게 "아빠, 유치원에서 아빠 그렸어!" 하고 그림 한 장을 내밉니다. 거기에는 웬 외계인이 하나 그려져 있습니다. 제가 뭐라 그랬을까요? "애야,

나는 너에게 깨끗한 종이와 좋은 크레파스를 사 줬는데, 너는 나에게 쓰레기를 주는구나. 이걸 어따 쓰니?" 그랬을까요?

그래야 맞을 것도 같지만 저는 이렇게 말했습니다. "와! 우리 딸! 아빠를 그렸어? 에구 고마워. 기특하다! 어쩜 이렇게 똑같이 생겼어!" 제가 미쳤나 봅니다. 외계인이어도 좋습니다. 고릴라여도 좋습니다. 딸이 저를 그려 줬다는 게 행복합니다. 기쁩니다.

그러자 질세라 옆에 있던 어린 아들 녀석도 거듭니다. "아빠, 나는 이거 아빠 먹으라고 남겨 놨어" 하며 초콜릿 한 조각을 내밉니다. 정확히 말하면 반은 녹아 손에 묻었으니까 반 조각이 맞습니다. 먹으니까 초콜릿이 짭니다.

제가 뭐라고 했을까요? "야 이 녀석아, 너는 음식물 쓰레기를 갖고 왔구나" 그랬을까요? 아닙니다. 저도 모르게 이렇게 말했습니다. "어이구 이 녀석, 네가 먹지. 먹고 싶었을 텐데 아빠 주려고 남겼어? 고맙다!" 진짜 제가 미쳤나 봅니다.

그런데 여러분, 제가 왜 그랬을까요? 진짜 미친 걸까요? 아닙니다. 제 딸이고, 제 아들이어서 그렇습니다. 이 애들이 언제 커서 제게 효도할진 모르겠습니다. 지금은 들어가는 것 천지입니다. 학교 보내야지, 학원 보내야지, 갖고 싶은 것도 사 줘야지, 먹여 주고, 입혀 주고…. 그런데 단 한 번이라도 '이 아이들이 없었으면', '정말 귀찮다' 한 적이 없습니다. '이 애들이 잘 커서 나한테 갚을 테니 그때까지 투자해야지' 한 적도 없습니다.

이 아이들이 그저 숨만 쉬고 있어도 제겐 기쁨입니다. 제대로 된 부모라면 그럴 겁니다. 원래 저는 저 혼자서도 얼마든지 잘 살 수 있었습니다. 그러나 이젠 이 아이들 없는 삶을 생각할 수 없습니다. 이 아이들과 나누는 사랑은 제 인생의 전부와도 같습니다.

하나님의 마음이 그렇습니다. 하나님은 부족한 것이 없으십니다. 혼자 계셔도 아무런 문제가 없습니다. 그러나 우리를 만들고 우리와 사랑을 나누고 싶어 하셨습니다. 설혹 우리가 하나님께 아무런 도움이 되지 못해도 하나님은 우리가 하나님 안에서 숨쉬고, 말하고, 함께하는 것을 정말이지 즐거워하십니다. 그렇게 함께 사랑을 나누며 살아가려고 우리를 만드셨습니다.

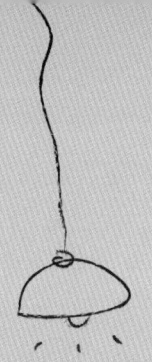

설혹 우리가 하나님께
아무런 도움이 되지 못해도

하나님은 우리가 하나님 안에서
숨쉬고, 말하고, 함께하는 것을
정말이지 즐거워하십니다.

그렇게 함께 사랑을 나누며
살아가려고 우리를 만드셨습니다.

Part 3

죄: 모두가 죄인이라는 불편한 진실

선악과, 죄의 시작

그런데 이상하기 그지없습니다. 세상을 하나님께서 지으셨다면, 인간이 하나님의 형상이라면 왜 세상이 이 모양일까요? 왜 기아와 질병, 천재지변, 환경오염, 전쟁, 범죄, 죽음의 그림자가 끊이지 않을까요? 왜 하루가 멀다 하고 끔찍한 뉴스가 들려올까요?

처음 창조된 인간은 완전했습니다. 영원한 생명을 갖고 있었습니다. 인간에게는 고통도, 죽음도 없었습니다. 세상 만물이 인간에게 복종했습니다. 인간들은 그것을 질서 있게 잘 다스렸습니다. 인간이 엄청나서가 아닙니다. 인간이 하나님의 형상대로 하나님 대신 세상을 다스렸기 때문입니다.

TV에서 온갖 아름다운 영상과 음향이 흘러나옵니다. 그것은 TV 자체의 능력이 아닙니다. 방송국에서 영상과 음향을 보내 줍니다. 발전소에서 전기를 보내 줍니다. 그걸 연결해 주는 전

선이 끊어지면 TV에서 나오는 모든 영상과 음향은 사라져 버립니다.

마찬가지로 인간이 지닌 하나님의 형상도 하나님과 올바로 연결되어 있어야 제대로 작동합니다. 선이 끊어지면 모든 게 사라져 버립니다. 선이 끊긴다고 TV가 갑자기 청소기가 되진 않습니다. 그러나 TV의 기능은 사라져 버립니다.

이것이 인간에게 벌어진 일입니다. 인류 최초의 인간 아담과 하와가 범죄하면서 하나님을 떠났습니다. 하나님과 인간 사이에 연결된 선을 끊어 버린 것입니다. 성경은 이것을 '죄'라고 말합니다. 하나님을 떠난 것이 바로 '죄'입니다.

인간이 하나님을 떠나자 어떻게 됩니까? 얼굴이 막 일그러져서 괴물이 된 것은 아닙니다. 겉모습은 그대로입니다. 다만 영혼이 깨져 버렸습니다. 영혼은 하나님이 형상이리 하나님 안에 있어야 제대로 기능을 합니다. 그런데 하나님을 떠나자 영혼이 깨졌습니다. 인간의 영혼이 깨져 버리자 인간이 다스려야 하는 세상도 엉망진창이 되어 버렸습니다.

이 비극적인 사건이 창세기 3장에 기록되어 있습니다. 저 유명한 '선악과 사건'입니다. 선악과는 하나님이 인간에게 유일하게 금하신 과일입니다.

주 하나님이 사람에게 명하셨다. "동산에 있는 모든 나무의 열매는, 네가 먹고 싶은 대로 먹어라. 그러나 선과 악을 알게 하는 나무의 열매만은 먹어서는 안 된다. 그것을 먹는 날에는, 너는 반드시 죽을 것이다"(창세기 2:16-17).

왜 선악과를 먹으면 죽을까요? 독이 있을까요? 아닙니다. 그 과일에 담긴 의미 때문입니다. 즉 먹으면 하나님의 명령을 어기는 것이요, 먹지 않으면 하나님의 명령을 지키는 것입니다. 바꿔 말해, 먹지 않으면 하나님 안에 머무는 것이고, 먹으면 하나님 밖으로 나가는 것입니다. 간단합니다.

어느 날 물고기가 "난 왜 꼭 물 안에 있어야 하지? 난 자유롭고 싶어!"라고 외치며 물 밖으로 탈출했습니다. 어떻게 되었을까요? 네, 생각하는 그대로입

니다. 펄떡거리며 죽어 가던 물고기를 지나던 고양이가 먹어 버렸다는 슬픈 이야기입니다. 하나님은 이 모든 것을 한 문장으로 표현하십니다. "그것을 먹는 날에는, 너는 반드시 죽을 것이다"(창세기 2:17).

성경에서는 '죽음'이라는 단어를 단순히 생명이 끊어지는 의미로만 사용하지 않습니다. 죽음이라는 단어에는 인간의 고통, 즉 질병, 범죄, 전쟁, 굶주림, 환경오염, 천재지변 같은 세상의 비극이 모두 포함되어 있습니다.

선악과를 먹으면 선은 사라지고 악이 찾아옵니다. 그래서 이름이 '선악과'입니다. 선과 악을 가르는 기준선이라는 뜻입니다. 최초의 인간 아담과 하와는 돌이킬 수 없는 선택을 하고 맙니다. 선악과를 먹고 하나님을 떠난 것입니다. 인간은 하나님을 떠났고, 악이 인간에게 찾아와 인간을 지배하기 시작했습니다. 인간이 하나님 밖으로 나간다는 것은 그런 의미입니다.

영원한 생명이신 하나님 밖으로 나가면
죽음이 찾아옵니다.

완전하신 하나님 밖으로 나가면
불완전함이 찾아옵니다.

질서의 하나님 밖으로 나가면
무질서가 찾아옵니다.

평화이신 하나님 밖으로 나가면
두려움과 공포가 찾아옵니다.

의로우신 하나님 밖으로 나가면
온갖 죄악들이 일어납니다.

결국 하나님 밖에서는
모든 것이 깨어지고 왜곡되고
무너지고 맙니다.

사람이 신을 창조하다

사람의 죄는 커져만 갑니다. 하나님을 거절하고 하나님을 떠난 사람은 이제 자기 취향에 맞는 하나님을 만들기 시작합니다. 자기를 만든 하나님을 섬겨야 하는데, 자기가 만든 하나님을 섬기기 시작합니다. 성경은 이렇게 말합니다.

사람들은 하나님을 알면서도, 하나님을 하나님으로 영화롭게 해 드리거나 감사를 드리기는커녕, 오히려 생각이 허망해져서, 그들의 지각없는 마음이 어둠으로 가득 차게 되었습니다. 사람들은 스스로 지혜가 있다고 주장하지만, 실상은 어리석어서, 썩지 않는 하나님의 영광을, 썩을 사람이나 새나 네 발 달린 짐승이나 기어 다니는 동물의 형상으로 바꾸어 놓았습니다(로마서 1:21-23).

성경은 사람이 하나님을 알고 있다고 말합니다. 그렇습니다. 비록 하나님의 형상이 깨어지면서 하나님을 똑바로 알 순 없게 되었지만, 그래도 어떤 사람이든 막연하게나마 하나님에 대해 알고는 있습니다.

"무슨 소리! 난 아예 신을 안 믿어. 난 무신론자야"라고 주장하는 사람이 있을지 모르겠습니다. 앞에서도 말했듯이 무신론이란 "신이 없다"고 믿는 것입니다. '신'이라는 개념 자체를 모르면 "신이 없다"는 말조차 할 수 없습니다. 그러니까 무신론은 하나님을 모르는 게 아닙니다. 하나님을 '없는 신'으로 만들어 버린 것입니다.

성경이 말하는 그대로입니다. 모든 사람이 하나님을 알긴 알지만 제대로 된 지식을 잃어버렸습니다. 하나님의 이름도, 하나님이 어떤 분인지도, 그분을 어떻게 대해야 하는지도 말입니다. 그래서 살아 계신 분을 없다고까지 하게 되었습니다.

하나님을 잃어버리고 나니 사람들은 하나님을 자기 생각대로 그리기 시작했습니다. 자기가 신을 만들기 시작한 것입니다. 자신이 만들었으니 신의 모습이 자기 취향대로입니다. 농사 잘 짓게 해 주는 신, 행복하게 해 주는 신, 전쟁에서 이기게 해 주는 신, 아들 낳게 해 주는 신… 이런 식으로 자기가 원하는 것에 신이라는 이름을 붙였습니다. 심지어 성경에는 아테네 사람들이 섬기던 '알지 못하는 신'이라는 이름의 신도 나옵니다. 이걸 성경은 '우상'이라고 말합니다. 사람이 자기 욕망으로, 또 욕망을 이루기 위해 만든 신입니다.

이렇게 말하는 사람이 있습니다. "어차피 종교가 마음에 평안을 주는 거라면, 뭐가 됐든 나에게 잘 맞는 종교를 선택하면 되지 않나요?"

여러분 생각해 보세요. 나의 행복을 위해 선택한 신을 과연 진짜 신이라고 할 수 있을까요? 내가 갖고 싶은 것을 위해 있는 신, 내가 필요할 때만 도와주면 되는 신, 이건 신이 아니라 신하입니다. 말만 신이지 우리 뒤치다꺼리하다가 끝납니다.

성경이 말하는 하나님은 다릅니다. 분명 하나님은 우리를 지극히 사랑하셨지만 우리 때문에, 우리 행복을 위해 계신 건 아닙니다. 하나님은 그저 우리 소원이나 들어주라고 있는 분이 아닙니다. 우리가 하나님의 영광을 위해 지음받은 것입니다. 성경에도 하나님께 예배하고, 기도하고, 헌금하는 모습이 나오지만 이것은 세상 사람들의 것과는 성격이 전혀 다릅니다.

성경이 말하는 예배와 기도는
우리의 욕망을 이루기 위한 것이 아니라
하나님과 사귀기 위한 것입니다.

전적으로 하나님께
영광 돌리기 위함입니다.

현대인들은 곰이나 사자, 마을 입구의 큰 나무나 바위를 '우상'으로 삼진 않습니다. 그런 것은 미신이라고 말합니다. 그러나 현대인들도 욕망에 따라 자기 스스로 만든 신을 섬긴다는 점에서 옛 사람과 전혀 다르지 않습니다.

어떤 사람은 자기 머리가 우상입니다. 자신의 지식, 계획, 계산을 믿고 살아갑니다. 거기에 고상한 말로 사상이니 철학이니 하는 이름을 붙입니다. 어떤 사람은 돈이 우상입니다. 돈의, 돈을 위한, 돈에 의한 인생을 살아갑니다. 어떤 사람은 쾌락이 인생의 목적이자 우상입니다. 어떤 사람은 자아실현이라는 그럴 듯한 구실을 댑니다. 그러나 자아실현이란 정확히 자기가 원하는 것을 이루겠다는 욕망의 다른 표현에 지나지 않습니다.

원하는 선은 행하지 않고, 원치 않는 악을 행하다

이제 자기가 섬길 하나님까지 자기 마음대로 만든 사람들은 하나님보다 더 위에 있습니다. 그래서 어떻게 되었습니까? 하나님처럼 완전해졌습니까? 마음대로 할 수 있게 되었습니까? 아닙니다. 내 맘대로 살겠다고 하나님을 떠났지만, 하나님을 떠난 사람은 자기 맘대로 살 수 없습니다. 죄의 지배 아래 살게 됩니다. 죄가 우리의 주인 노릇하고, 우리는 죄의 종노릇합니다(로마서 6:20).

참 이상하지 않나요? 옳은 일은 이 악물고 하려 해도 안 될 때가 많습니다. 그런데 나쁜 일은 별다른 노력 없이 저절로 됩니다. 사랑하고, 용서하고, 인내하기는 어렵습니다. 반면에 미워하고, 분노하고, 욕하는 것은 저절로 됩니다.

성경이 말하는 수준은커녕 내가 옳다고 생각하는 일, 꼭 해야겠다고 생각하는 일조차 못하는 게 우리입니다. 예수님께서 말씀하셨습니다. "원수를 사랑하라!" 아, 멋진 말이지요. 근데 우리에겐 저 별나라만큼 멀리 떨어진 말입니다.

원수는커녕 내 부모님도 제대로 사랑하지 못합니다. 부모님을 사랑하는 게 옳다는 것을 압니다. 누가 시켰을까요? 아니요. 그냥 압니다. 그리고 내가 그렇게 하고 싶습니다. 그런데 실제로 그렇게 못합니다. 내가 옳다고 생각하는 것 하나 내가 지키지도 못합니다.

청소년들은 수련회에 가면 결심합니다. 희한하게 학교 수련회에서나 교회 수련회에서나 결심하는 내용은 똑같습니다. 부모님께 잘해야겠다는 것입니다.

기도회 시간입니다.

"예수님이 여러분의 죄를 위해 돌아가셨습니다!"

아무도 울지 않습니다. 이럴 때면 울게 만드는 최후의 수단이 있습니다. 이렇게 말하는 것입니다.

"부모님이 나를 위해 고생하시는데, 나는 부모님께 대들었습니다. 때론 부모님을 미워했습니다."

그러면 여기저기서 울기 시작합니다. 어지간히 나쁜 녀석도 엄마, 아빠 얘기를 꺼내면 마음이 짠해집니다. 누가 시켜서 그런 게 아닙니다. 그동안 엄마에게 잘못했는데 앞으로 잘해야겠다고 스스로 결심합니다. 수련회 기간 내내 그렇게 다짐합니다. 그러나 결심이 무너지는 건 한순간입니다.

우리는 상상합니다. 수련회가 끝나고 집으로 돌아갑니다. 현관문을 열자 청소하고 있는 엄마가 눈에 들어옵니다. 달려가 엄마를 꼭 끌어안습니다. 그리고 말합니다. "엄마, 사랑해요."

엄마는 감동받습니다. "에구 녀석, 수련회 다녀오더니 철들었구나. 피곤할 텐데 가서 쉬렴."

"괜찮아요 엄마. 쉬긴요. 공부해야죠."

그러곤 방으로 들어가 공부합니다. 엄마는 뿌듯한 표정으로 과일을 깎아 오십니다.

"이것 좀 먹고 하렴."

"에이, 공부 시작한 지 얼마나 되었다고요. 엄마, 고마워요."

그렇게 엄마 한 입 나 한 입, 행복한 우리 가정, 이것이 우리가 상상하는 결론입니다.

그러나 현실은 어떻습니까? 집에 돌아와 현관문을 엽니다. 청소하고 있는 엄마에게 인사합니다. 그리고 달려가 엄마를 안고 "사랑해요"라고 말하려는 순간 엄마가 말합니다.

"잘 다녀왔어? 실컷 놀았으니 이제 들어가 공부하렴."

모두가 죄인이라는 불편한 진실

우악! 이게 뭡니까? 공부, 하려고 했죠. 언제요? 엄마가 가서 쉬라고 하면요. 그런데 공부하라고 등 떠밀리는 순간 우리는 분노에 휩싸입니다. 우리가 놀다 왔습니까? 수련회 하고 왔잖아요. 지겨운 설교도 듣고, 앞으로 엄마에게 잘하겠다고 얼마나 열심히 결심하고 왔는데요! 엄마의 잔소리 한마디에 지난 2박 3일의 결심은 저 멀리 날아갑니다. "엄마는 진짜! 에이 짜증나!" 나도 모르게 폭풍 짜증을 내며 방문을 걸어 잠급니다.

이게 뭡니까? 2박 3일 결심했습니다. 누가 하라고 그랬나요? 내가 했습니다. 그런데 내가 못 지킵니다. 말 한마디에 끝장납니다. 이렇게 선한 일은 결단에 결단을 해도 잘 지켜지지 않습니다.

그런데 말입니다. 죄 짓는 건 노력하지 않아도 됩니다. 가만히 누워만 있어도 음란한 생각이 절로 떠오릅니다. 수련회가 끝나고 나면 남학생들은 한결같이 자신의 컴퓨터 하드디스크에 있는 '누나들'과 결별하기로 선언합니다. '야동을 지워 버려야지!' 보통은 결단으로 끝나지만 가끔은 진짜 지우기도 합니다. 하지만 머리 속 생각까지 지워 버리진 못하죠. 이내 머리 속이 복잡해지고 하드 디스크엔 다시 음란물이 채워집니다.

친구를 미워하지 않겠다고, 뒤에서 험담하지 않겠다고 결심한 게 한두 번이 아닙니다. 게으름 부리지 않겠다고, 이제부터 열심히 뭔가 하겠다고 결심한 게 한두 번이 아닙니다. 음란, 미움, 시기, 질투, 분노, 거짓, 탐심… 아무리 결심해도 죄의 마음이 어느새 불 일 듯 일어납니다.

왜 그럴까요? 우리는 왜 굳게 결심하고도 순식간에 죄에 빠지고, 그토록 원하는 선을 행하기 힘든 걸까요?

어떤 친구들은 이렇게 생각할 수도 있습니다. "에이, 사람이 살면서 화도 좀 내고 미워할 때도 있죠. 그러다 화해하고 그렇게 티격태격하며 사는 거지. 그게 무슨 큰 죄라고 심각하게 생각해요?" 네, 맞는 말입니다. 그런데 여기서 중요한 것은 왜 우리는 크든 작든 죄에서 벗어날 수 없느냐 하는 것입니다.

어떤 사람이 암에 걸렸습니다. 어떤 암이냐, 암이 얼마큼 진행되었느냐에 따라 증상이 다를 수 있습니다. 암이라도 증상은 그저 가벼운 기침 같은 정도로만 나타날 수 있습니다. 어떤 경우엔 움직일 수 없을 만큼 극심한 고통이 생길 수 있습니다. 중요한 것은 증상이 얼마나 심각하느냐가 아닙니다. 그 증상이 암 때문에 일어났다는 게 문제입니다. 암을 치료하지 못하면 결국 죽게 될 테니까요.

우리가 얼마나 큰 죄를 짓느냐는 두 번째 문제입니다. 그 죄를 짓게 만드는 근본적인 죄의 뿌리가 문제입니다. 그것이 '암'입니다. 그것은 우리가 하나님을 떠난 것입니다. 그 결과 누구든지 죄에서 벗어날 수 없게 되었습니다. 이 암을 고치지 못하면, 하나님을 떠난 죄에서 회복되지 못하면 우리는 죽음을 피할 수 없습니다.

성경에서 바울 사도는 인간의 절망스런 상황을 이렇게 말했습니다.

나는 내가 원하는 선한 일은 하지 않고, 도리어 원하지 않는 악한 일을 합니다. 내가 해서는 안 되는 것을 하면, 그것을 하는 것은 내가 아니라, 내 속에 자리를 잡고 있는 죄입니다… 아, 나는 비참한 사람입니다. 누가 이 죽음의 몸에서 나를 건져 주겠습니까?(로마서 7:19-24)

루시퍼 이펙트, 내 안에 악마가 있다

사람의 죄는 보통은 그렇게 크지 않게 보입니다. 작은 거짓말, 다툼, 미움같이 말입니다. 그러나 우리 죄의 뿌리는 깊고 깊어 영양분만 제대로 공급된다면 순식간에 커질 수 있습니다.

스탠퍼드대학교 심리학과 명예교수 필립 짐바르도가 쓴 『루시퍼 이펙트』라는 책이 있습니다. 전 세계 심리학계에 큰 반향을 불러 일으켰던 책입니다. 짐바르도 교수는 학교 지하에 가짜 교도소를 만들어 실험을 했습니다. 건강한 24명의 남학생들을 뽑아 두 집단으로 나눴습니다. 한편에는 죄수 역할을 맡겼고, 다른 한편에는 교도관 역할을 맡겼습니다. 그렇게 두 주 동안 각각의 역할을 맡은 학생들에게 어떤 변화가 일어나는지 관찰했습니다.

처음에 학생들은 단순한 아르바이트로 생각하고 상황을 즐깁니다. 그런데 시간이 얼마 지나지 않아 교도관 역할을 맡은 학생들이 허용되지 않은 체벌과 가혹행위를 시작합니다. 한번 시작된 폭력은 통제되지 않습니다. 폭력은 점점 더 심해집니다.

죄수 역할을 맡은 학생들 역시 점점 더 실제 수감된 죄수 같은 행동을 보입니다. 며칠 지나지 않아 학생들은 극도의 정서불안을 일으키며 중도 탈락하고 맙니다. 학생들은 갈수록 신경쇠약증과 무력감, 좌절감에 사로잡혔습니

다. 결국 통제불능 상황으로 치달은 실험은 6일 만에 종료됩니다.

이 실험이 보여 주는 것이 무엇입니까? 인간 속의 악은 상황에 따라 억제되고 있을 뿐이라는 점입니다. 악이 활개칠 수 있는 상황이 되면 누구든 짐승의 이빨을 드러낼 수 있습니다.

1975년부터 4년간 캄보디아에서 이른바 킬링필드라는 대학살이 일어났습니다. 공산정권이던 크메르루즈가 반대파를 제거한다는 구실로 약 100-200만 명에 이르는 사람들을 학살했습니다.

고문과 학살이 벌어졌던 곳에 지금은 기념관이 서 있습니다. 비극의 역사를 잊지 말고 교훈으로 삼자는 뜻일 겁니다. 그곳에는 끔찍한 고문, 살인의 흔적과 자료가 고스란히 남아 있습니다. 빨리 많은 이들을 죽이기 위해 산 사람을 집단 생매장하는가 하면, 갓난아기들의 경우 다리를 잡고 나무에 메쳐서 죽였습니다. 인간이 어떻게 이토록 잔인해질 수 있을까요?

모두가 죄인이라는 불편한 진실

기념관을 돌아보며 가장 가슴 아프고 충격받은 순간은 수많은 얼굴이 전시된 큰 액자 앞에 섰을 때였습니다. 사진 속 앳된 얼굴들을 보면서 처음엔 희생자들인가 했습니다. 그런데 알고 보니 그 아이들은 학살을 실제로 저질렀던, 말하자면 행동대원들이었습니다. 대부분이 고아 청소년들인데 어릴 때부터 그들에게 사상교육을 하고 고문과 살인을 시켰답니다. 그 아이들 대부분은 거리낌 없이 일상처럼 학살을 저질렀습니다.

여러분이 그 아이들 입장이라면 어땠을까요? 과연 달랐을까요? 우리 안에 있는 것은 똑같습니다. 다만 그 죄가 열매를 크게 맺을 기회를 얻었느냐 얻지 못했느냐의 차이입니다. 성경은 인간에 대해 이렇게 말합니다.

사람들은 온갖 불의와 악행과 탐욕과 악의로 가득 차 있으며, 시기와 살의와 분쟁과 사기와 적의로 가득 차 있으며, 수군거리는 자요, 중상하는 자요, 하나님을 미워하는 자요, 불손한 자요, 오만한 자요, 자랑하는 자요, 악을 꾸미는 모략꾼이요, 부모를 거역하는 자요, 우매한 자요, 신의가 없는 자요, 무정한 자요, 무자비한 자입니다(로마서 1:29-31).

이 모든 죄의 씨앗이 이미 우리에게 있습니다. 불행 중 다행으로 우리에겐 여전히 하나님의 형상이 남아 있습니다. 깨어지긴 했지만 말입니다. 하나님의 은혜도 남아 있습니다. 그래서 우리 속에는 양심, 도덕, 법, 제도들이 있습니다. 이런 것들이 죄가 활개치지 못하도록 억누릅니다. 그러나 우리 속에 있는 죄는 기회만 되면 상상할 수 없는 큰 열매를 맺습니다. 우리 속에는 우리가 감당할 수 없는 악이 도사리고 있습니다. 성경은 모든 사람이 비참한 죄 아래 놓여 있다고 선언합니다.

모든 사람이 죄를 범하였으므로, 하나님의 영광에 이르지 못합니다(로마서 3:23).

모르고 짓는 죄, 우리가 죄와 무관할 수 없는 증거들

죄의 무서움은 우리가 생각지 못한 곳에도 있습니다. 1961년 이스라엘에서 한 50대 남자가 법정에 섭니다. 온 세계가 그 재판 결과에 주목합니다.

무죄일까 유죄일까?

아돌프 아이히만. 나치 독일의 친위대 장교였던 그는 600만 유태인 학살에 가담한 죄로 재판을 받게 되었습니다. 그는 자신이 무죄라고 주장했습니다. 심지어 양심에 아무런 가책이 없다고 밝혔습니다. 자신은 유태인 학살에 직접 관여하지 않았다는 게 그 이유였습니다. 실제로 그는 단 한 명의 유태인도 직접 죽이거나 죽이도록 명령하진 않았습니다. 다만 유태인들을 보다 쉽고 빠르게 학살할 수 있도록 가스실이 딸린 열차를 고안했습니다. 그로 인해 독일군은 보다 쉽고 빠르게 많은 유태인들을 죽일 수 있었습니다.

아이히만은 누구보다 성실하고 법을 잘 지키는 사람이었습니다. 재판을 지켜본 정신과 의사들은 그는 정상적인 정도기 아니라 누구보다 준법정신이 투철한 인물이라고 분석했습니다. 아이히만은 이렇게 말했습니다. "저는 공무원으로서 주어진 임무에 충실했습니다. 월급을 받으면서도 그 일을 열심히 하지 않았다면 양심의 가책을 느꼈을 겁니다."

어떻습니까? 자기 임무에 충실하기 위해 효과적인 학살 도구를 만든 사람, 여러분 생각엔 무죄입니까 유죄입니까?

우리나라도 일본에 지배를 당했던 비극적인 역사가 있습니다. 어떤 사람들은 일제에 순응해 성실히 살았습니다. 일제의 정신을 가르치는 교사가 되었습니다. 천황을 위한 전쟁에 참여하라고 젊은이들을 독려했습니다. 아무것도 모르는 처녀들을 모집해 일명 위안부(일본군의 성노예)로 넘기기도 했습니다. 성실하게 총과 대포, 배와 비행기를 만든 사람들이 있습니다. 그 총은

독립투사를 죽였고, 대포는 무고한 생명을 빼앗았습니다.

그러나 그들은 직접 누군가를 죽이거나 학대하진 않았습니다. 그저 체제에 순응해 열심히 일하고 그만큼 성공을 꿈꿨을 뿐입니다. 그들은 누군가의 지극히 평범한, 아니 어쩌면 자랑스러운 아들이요, 딸이요, 아버지요, 어머니였을 겁니다. 이들은 무죄입니까 아니면 유죄입니까?

불과 150여 년 전만 해도 이 세상에는 버젓이 노예제도가 있었습니다. 사람이 사람을 사고팔며 짐승 취급하는 일이 벌어졌습니다. 지금은 모두가 이것을 범죄라고 이야기합니다. 범죄 중에서도 극악한 범죄입니다. 인신매매니까요. 그러나 수천 년 동안 사람들은 노예제도를 당연하게 받아들였습니다. 말하자면 사람들 모두가 인신매매의 공범이었던 셈입니다. 그들은 자신이 죄를 짓고 있다는 생각조차 못했을 겁니다.

무슨 말입니까? 아이히만이든, 친일파든, 노예시대의 사람들이든 자신들이 엄청난 죄를 짓고 있으면서도 몰랐다는 말입니다. 이처럼 사람이 자신도 모르는 죄를 짓는 경우가 얼마나 많은지 모릅니다. 이런 일들은 먼 과거의 어두운 역사 속에서만 존재하지 않습니다.

서울 강남 한복판에서 무슨 일이?

1995년 6월 29일 오후 5시 55분경 온 국민을 경악케 한 사건이 일어났습니다. 서울 강남 한복판에서 삼풍백화점 건물이 무너져 내린 사고였습니다. 이 사고로 502명이 사망, 937명이 부상을 당하고 6명이 실종되어 총 1,445명의 사상자가 생겼습니다. 이는 6.25 한국전쟁 이후 우리나라 역사상 최대 인명 피해로 기록되었습니다. 삼풍백화점은 당시 매출액 기준 국내 업계 1위를 달리던 초호화 백화점이었습니다. 그런 백화점 건물이 어떻게 그렇게 어처구니없이 무너져 내릴 수 있었을까요?

직접 원인은 건물의 무리한 용도 변경과 안전을 무시한 개축과 증축에 있었습니다. 원래 백화점 건물 용도가 아니던 건물을 백화점으로 바꾸면서 건물을 지탱해 주는 벽을 허물고 기둥을 깎았습니다. 4층 건물을 5층으로 증축하고 5층을 여러 차례 개축하면서 건물에 충격을 더했습니다. 최종석으로 5층에 들어선 식당가에는 온돌을 놓아 건물에 무게 부담을 한층 더했습니다. 지하에 설치해야 할 냉각탑을 옥상으로 옮기면서 엄청난 하중이 더해졌고, 비용을 아끼기 위해 냉각탑을 기중기로 옮기는 대신 바닥에서 끌어 옮기는 방법을 선택하면서 건물에 돌이킬 수 없는 충격을 더했습니다.

처음부터 위험이 경고되어 있던 건물에 여러 차례 위험 요소가 더해졌는데도 경영진들은 수익에 눈이 멀어 안일하게 생각했습니다. 이후 건물에 이상 조짐이 보이기 시작해 수차례의 대책회의를 하면서도 그들은 문제에 눈을 감았습니다. 붕괴 당일 이미 5층이 내려앉은 상태를 보고도 5층만 폐쇄한 채 고객과 직원들을 대피시키지 않고 있다가, 긴급한 상황보고를 받는 자신들만 급히 건물에서 빠져나왔습니다. 그들이 빠져나가고 15분여 만에 백화점 건물은 완전히 붕괴되었습니다.

이 사건은 겉으로만 보면, 수익에 눈이 먼 경영진의 욕심과 안전의식 부재가 그 원인입니다. 그러나 좀 더 거슬러 올라가 보면 사회 부조리와 비리를 만나게 됩니다. 원래 삼풍백화점 자리는 주거 용도로서 백화점으론 사용할 수 없는 땅이었습니다. 그러자 삼풍은 해당 구청 직원들에게 뇌물을 주고 불법적으로 땅을 용도 변경합니다.

그럼 모든 책임은 비리 공무원과 탐욕스런 경영진에게로 돌아갈까요? 물론 그들이 잘했다는 것은 아닙니다. 그들은 자신들의 행동에 마땅한 벌을 받아야 합니다. 그런데 그런 그들도 그저 누군가에겐 좋은 아들, 딸이요 아버지, 어머니요 남편이요 아내입니다. 그들은 머리에 뿔 달린 사람들이 아닙니다.

평범한 사람들이 왜 이렇게 불법을 저지르고 많은 생명을 볼모로 탐욕을 추구하게 되었을까요?

죄에서 자유로운 사람, 손 높이 들어~

예나 지금이나 많은 사람들이 입에 달고 사는 말이 있습니다. "먹고살기도 바빠 죽겠는데…." 무슨 소리입니까? 먹고살기 바빠 죽겠는데 뭘 그렇게 깐깐하게 원칙을 따지느냐는 말 아닙니까? 당장 돈 벌고 효율적인 것을 중요시하다가 미래의 안전이나 모두의 행복처럼, 보이지 않는 것들은 무시됩니다. 이런 사회에서 경영진은 어떤 경영을 할까요? 먹고살기 바쁘게만 경영하지 않을까요? 그러니 그들의 범죄와 우리가 전혀 무관하지 않습니다.

오늘날 부모님들은 자녀들에게 무얼 가르칩니까? 희생하더라도 남을 배려

하고 함께 살아가라고 가르칩니까? 일단 내 자식 공부 잘하고 성공하도록 앞만 보고 달려가라고 가르치고 있진 않나요?

또 여러분은 친구들을 어떻게 대합니까? 공부 못한다고 무시하고, 가난하다고 무시하고, 친구 없다고 무시하고, 힘없다고 무시하고, 어리바리하다고 무시하진 않나요? 누군가를 무시하는 마음, 얄팍한 우월감, 약자에게 강하고 강자에게 약한 속물 근성이 있진 않나요?

지금도 내가 불편하면 당장 원칙이고 뭐고 무시하는 게 우리 사회의 분위기 아닙니까? 적당히 눈감고 넘어가는 걸 미덕으로 여깁니다. 원칙을 고수하면 답답한 사람, 사회생활 못하는 사람 취급받기 십상입니다. 그런 이기심과 탐욕이 비리 공무원과 탐욕스런 경영진을 만듭니다. 그들에게 잘못이 없다는 말이 아닙니다. 우리 모두가 공범이라는 말입니다.

오늘도 이 땅에선 음식물 쓰레기가 넘치고, 너무 먹어 찐 살을 빼느라 다이어트 한다고 난리인데, 지구 반대편에선 수많은 사람들이 굶어 죽어 가고 있습니다. 둘 사이에 정말 아무 관계가 없습니까? 나의 탐심은 그들의 죽음에 대해 무죄입니까? 우리가 물건을 싸게 사서 함부로 쓰다가 멋대로 버리는 사이, 지구 저쪽 어딘가에선 그 싼 물건을 만들기 위해 하루에 천 원도 안 되는 돈을 받고 일하는 아이들이 있습니다. 열 살도 안 된 아이들이 학교에 가지 못한 채 하루 열 시간이 넘는 중노동에 시달리고 있습니다. 나의 탐심은 그들의 고통에 대해 무죄입니까?

이 세상에서 일어나는 온갖 범죄와 부조리에 대해 우리는 자유롭지 않습니다. 그 뿌리인 이기심과 탐욕이 우리 모두에게 있기 때문입니다. 그것이 모여 사회를 만들고 구조를 만들고 우리도 모르는 악을 만들고 있기 때문입니다. 이것은 우리가 짓는지도 모르게 짓는 죄입니다. 나는 단지 친구 한 명을 미워했을 뿐인데, 그 미움이 자라고 자라 어딘가에선 총, 칼이 되어 사람을 죽이고 있습니다.

저는 여러분이 더 열심히 노력해서 잘 모르고 짓는 죄도 찾아내고 반성하자, 더 착하게 살자고 말하는 게 아닙니다. 그건 나중 일입니다. 누구도 죄에서 자유롭지 않다는 사실을 말하고 있습니다. **우리는 모두 죄인입니다.** 인간은 모두가 그렇습니다. 성경은 이런 인간의 상태를 이렇게 선언합니다.

의인은 없다. 한 사람도 없다. 깨닫는 사람도 없고, 하나님을 찾는 사람도 없다. 모두가 곁길로 빠져서, 쓸모가 없게 되었다. 선한 일을 하는 사람은 없다. 한 사람도 없다(로마서 3:10-12).

죽음 후에 벌어지는 일들

성경은 죄의 결과를 '사망'이라고 말합니다. 죄란 먼저 사람이 하나님을 떠난 것입니다. 그 다음은 그로 인해 우리가 마음으로, 행동으로 짓는 모든 악한 일을 말합니다.

죄가 없었을 때는 죽지 않아도 되었던 사람이 이젠 죄로 인해 죽게 되었습니다. 살아 있는 동안에도 죽음의 그림자인 질병과 고통이 끊이지 않습니다. 우리의 육신은 아픔과 고통 속에서 쇠약해지다가 결국 죽음을 맞이합니다. 그럼, 죽으면 고통은 모두 끝나는 걸까요?

어떤 이들은 그렇게 믿습니다. 사람이 죽으면 그걸로 끝이라고요. 또 어떤 이들은 다시 태어난다고 말하기도 합니다. 전자는 자기 인생에 아무 책임을 질 필요가 없다고 생각하고, 후자는 또다시 기회가 주어진다고 생각합니다. 둘 다 자기에게 유리한 쪽으로, 마음 편한 쪽으로 생각한 것입니다.

그러나 성경의 가르침은 그렇지 않습니다. 성경은 우리에게 매우 불편한 진실을 알려줍니다.

사람이 한 번 죽는 것은 정한 일이요, 그 뒤에는 심판이 있습니다(히브리서 9:27).

사람은 누구나 한 번 죽습니다. 죽음 후에는 심판이 있습니다. 그것은 영혼에 대한 심판입니다. 이것을 두 번째 죽음이라고 말합니다. 죄로 인해 우리 육신이 죽는 것이 첫 번째 죽음이요, 죄로 인해 우리 영혼이 영원토록 심판받는 것이 두 번째 죽음입니다.

그러나 비겁한 자와 신실하지 못한 자와 가증한 자와 살인자와 음행하는 자와 마술쟁이와 우상 숭배자와 모든 거짓말쟁이들이 차지할 몫은 불과 유황이 타오르는 바다뿐이다. 이것이 둘째 사망이다(요한계시록 21:8).

여기서 "불과 유황이 타오르는 바다"란 지옥을 말합니다. 지옥은 죄인들이 가는 곳이며, 거기엔 불이 있습니다. 성경에서 '불'은 하나님의 심판을 상징하는 단어로 쓰입니다. 그러므로

'지옥 불은 몇 도씨일까? 지옥은 엄청나게 뜨거운 사우나 같은 곳일까?'라고 생각할 필요는 없습니다.

지옥은 영원한 심판의 고통이 있는 곳입니다. 죄의 삯은 사망이기 때문에 죄인은 죽어서도 사망의 그늘에서 벗어날 수 없습니다. 그들에게 영원한 고통이 기다리고 있습니다.

죄에 대한 심판은 물론 매우 공정합니다. 지옥이 어떤 곳인지 구체적으로 알 순 없지만, 확실한 것은 그곳에서 공정한 심판과 징계가 이뤄진다는 사실입니다. 하나님께는 뇌물도 안 통합니다. 하나님은 공정하게 재판하십니다.

큰 죄이든, 작은 죄이든, 알고 지었든, 모르고 지었든 죄는 분명한 심판을 받습니다. 하나님의 심판대 앞에선 아무것도 숨길 수 없습니다. 알고 지은 죄, 나도 모르게 내 속에 있던 죄까지 모두 낱낱이 드러날 것입니다.

어떻게 보면 통쾌한 일이 될지도 모릅니다. 죄 짓고도 용케 이 세상에서 숨기고 살아온 자들이 제대로 벌을 받게 될 테니 말입니다. 모든 사람의 억울함이 풀릴 것입니다.

그런데 마냥 좋아할 수만도 없습니다. 나 역시 그 심판을 피할 수 없기 때문입니다. 심판대 앞에서 내 모든 인생이 숨김없이 증거로 채택될 것입니다. 내 마음속 깊은 곳에 있던 생각까지 밝히 드러날 것입니다. 내가 알고 있던 죄부터 모르고 있던 죄까지 다 밝혀질 것입니다.

우리는 자신에게는 너그러워 '나는 다른 사람들과 다르다'고 생각해 왔지만, 실상 내가 그토록 미워했던 그들과 내가 크게 다르지 않음을 알게 될 것입니다. 그때 가서야 우리는 내가 갈 곳이 천국이 아니라는 사실을 알게 됩니다.

사람들은 지옥이라는 말을 본능적으로 싫어합니다. 그래서 그런 곳은 없다고 아예 부정하기도 합니다. 그러나 우리가 좋아하느냐, 싫어하느냐는 그게 진짜로 있느냐 없느냐 하는 것과 아무 관계가 없습니다.

인간은 본능적으로 자신의 죄와 그에 따른 결과를 아는 지식이 있다고 저는 생각합니다. 뚜렷하게는 알지 못해도 직감적으로 느낄 것입니다.

우리의 영혼은 압니다. 지금 내가 죽으면 갈 곳이 천국이 아니라는 걸…. 그래서 본능적으로 '지옥'이라는 말을 싫어합니다. 범죄자가 형사니 감옥이니 하는 말만 들어도 치를 떠는 것처럼 말입니다. 죄 지은 우리 영혼이 그렇습니다. 영원한 심판의 장소인 지옥을 두려워합니다.

협박하는 게 아닙니다. 자신을 똑바로 보라는 말입니다.

정말 이대로
살아도 괜찮겠습니까?

과연 이대로
죽어도 괜찮겠습니까?

Part 4

구원: 하나님만 하실 수 있는 일

천국, 노력으로 갈 수 없는 곳

우리는 죄인입니다. 우리는 죽습니다. 죽으면 하나님의 심판을 받습니다. 어떻게 해야 할까요? 죄를 해결해야 합니다. 죄를 해결하지 못하면 우리는 안녕하지 못합니다. 소망이 없습니다. 문제는 죄를 해결할 수 있는 능력이 우리에게 있느냐 하는 것입니다.

"지금 죽는다면, 그리고 천국이라는 곳이 있다면 갈 수 있겠어요?"

가끔 만나는 사람들에게 이런 질문을 합니다. 몇몇 그리스도인들을 제외하고 이 질문에 자신 있게 "네"라고 답하는 사람을 아직 만나지 못했습니다. 대부분은 이렇게 대답합니다. "솔직히 자신 없어요. 하지만 앞으로 더 착하게 살면 가능하지 않을까요?"

많은 사람들은 자신이 지금 천국에 가기엔 부족하지만 앞으로 노력하면 갈 수 있지 않을까 막연히 믿고 있습니다. 과연 그럴까요? 앞으로 노력하면 갈 수 있을까요? 성경은 단호하게 "노"(No)라고 말합니다.

하나님을 떠난 사람들은 공통된 특징을 갖고 있습니다. 하나님과 함께 사는 법을 버렸기 때문에 혼자 살려고 합니다. 그래서 늘 강조하는 말이 '내가'입니다. "내가 노력하고", "내가 원하고", "내가 선택하고"… 그래서 인생도 내가 노력하기 나름이라고 생각합니다.

천국이라는 곳이 있다면 그곳도 노력해서 갈 수 있다고 생각합니다. 내가 노력해서 착해지고, 내가 노력해서 남을 도우면 된다고 말입니다.

과연 그럴까요? 목표가 무엇이든 노력하면 얻을 수 있는 걸까요? 우리의 노력이 그렇게까지 대단하던가요?

김연아 선수가 2010년 밴쿠버 올림픽에서 금메달을 딸 때, 2등을 한 선수가 있습니다. 네, 일본의 아사다마오 선수입니다.

아사다마오 선수는 김연아 선수만큼 노력을 했을까요, 안 했을까요? 이게 헷갈리는 친구는 여태껏 노력이란 걸 제대로 해본 적 없는 사람일 것입니다. 반에서 2등이 아닙니다. 전교 2등, 전국 2등이 아닙니다. 전 세계에서 2등입니다. 전 세계에서 2등을 하기까지 얼마나 최선을 다했을까요? 실제로 아사다마오는 연습벌레로 소문난 선수입니다.

그때 올림픽에서 10등 한 선수는 누구였을까요? 기억나지 않을 겁니다. 1등만 기억하는 '더러운 세상'에서 2등까지 기억했

으면 됐지 10등이 기억날 리 만무합니다. 저도 기억이 안 납니다. 그러나 분명 그 선수도 김연아 선수만큼 노력했을 것입니다. 전 세계 10등은 대충 연습해서 오를 수 있는 자리가 아닙니다.

똑같이 노력했는데 한 명은 1등이고, 다른 한 명은 2등이고, 또 다른 한 명은 10등입니다. 무슨 차이일까요? 가장 근본적인 것은 타고난 재능의 차이입니다.

노력한다고 모두가 박지성이 될 순 없습니다. 타고난 운동능력이 있어야 합니다. 축구의 흐름을 읽는 감각을 타고 나야 합니다. 그뿐입니까? 히딩크 감독 같은 지도자를 만나야 합니다. 적절한 때에 알렉스 퍼거슨 같은 감독을 만나야 합니다. 어떤 부모, 어떤 지도자, 어떤 기회를 만나느냐에 따라 선수의 운명이 갈립니다.

에디슨이 천재는 "99%의 노력과 1%의 재능으로 이뤄진다"고 말했습니다. 그러자 한 기자가 에디슨에게 물었습니다. "99%의 노력과 1%의 재능 중 어느 쪽이 더 중요합니까?" 에디슨이 말합니다. "당연히 1%의 재능이죠." 1%의 재능이 없으면 천재가 될 수 없다는 말입니다.

경험상 덧붙이자면, 이 1%의 재능이 있는 사람들이 노력하기가 더 쉽습니다. 왜일까요? 노력하면 남들보다 훨씬 더 뛰어난 결과가 나오기 때문입니다. 성취감이 있습니다. 성취감이 있으니까 재미가 있습니다. 재미가 있으니까 더 노력합니다.

어차피 1%를 못 뛰어넘으니 포기하자, 노력하지 말자 소리가 아닙니다. 노력, 해야 합니다. 우리가 할 수 있는 노력을 저버

려서는 안 됩니다. 다만 어떤 성공을 거뒀을 때 자신의 노력만으로 이뤘다는 착각을 하지 말라는 얘기입니다.

사람들 앞에서 교만하게 "너희도 나처럼 노력하면 성공할 수 있다"고 거짓말하지 말자는 얘기입니다. 타고난 재능, 주변의 도움, 자신에게 주어졌던 기회를 무시한 채 모든 걸 자기 공로로 가로채지 말자는 얘기입니다. 같이 노력했지만 이루지 못한 99%의 사람들과 겸손하게 성공의 열매를 나누자는 얘기입니다.

세상의 성공도 누구나 노력한다고 해서 얻는 게 아닌데, 하물며 노력으로 천국에 어울리는 사람이 될 수 있다는 건 얼마나 터무니없는 거짓말입니까?

세상에서 가장 비싼 집이 있습니다. 인도에 있는 '안틸라'라는 개인 건물이라고 합니다. 집값이 우리 돈으로 약 2소 원 정도 한다고 합니다. 방이 6천 개이고, 헬기장 9개에 공중 정원을 갖추고 있습니다. 그 집에서 일하는 사람만 600명입니다. 우리가 스스로 노력해서 이런 집을 살 수 있을까요? 절대 다수에게 불가능한 일입니다.

그런데 천국은 사람의 손으로 지은 2조 원짜리 엉성한(?) 집과는 비교할 수 없는 곳입니다. 그곳엔 영원한 생명이 있습니다. 완전한 삶이 있습니다. 세계 제일의 갑부가 전 재산을 내놔도 가질 수 없는 집입니다.

그런 집을 노력한다고 가질 수 있을까요? 착한 일 좀 한다고 얻을 수 있을까요?

어떤 착한 일을 기억합니까? 2년 전에 ARS 2천 원, 연말에 구세군 냄비에 5천 원, 7천 원 낸 걸로 천국에 갈 수 있을까요? 우리의 노력이라는 게 이런 수준일 뿐입니다. 그나마 이런 실천이라도 하면 다행입니다. 어떤 사람들은 남의 돈을 갖고 입으로만 좋은 일을 합니다. "내가 그 정도 벌었으면 이 정도는 기부하겠다" 하면서 말이죠.

그렇게 해선 이 세상의 일도
뭐 하나 이루기 힘듭니다.
하물며 천국의 수준이라니요.

잠시만 생각해 봐도 우리가 노력해서

천국에 갈 수 있다는 막연한 믿음만큼
대책 없는 믿음도 없습니다.

'착한 일을 했다고 해서 우리 죄가 없던 것이 되느냐', '착한 일을 하면 하나님과의 관계가 회복될 수 있느냐' 하는 데까진 따져볼 상황도 안 됩니다. 우리의 착한 일이라는 게 워낙 함량 미달이기 때문입니다.

천국이 완전한 곳이라면 우리도 완전해야 합니다. 노력으로 천국을 얻을 순 없습니다.

사실 누구도 자기 노력으로 살지 않는다

더 큰 문제가 있습니다. 설령 나의 모든 것을 이웃에게 내준다고 한들 그것이 나의 공로가 될 수 없다는 불편한 진실입니다. 생각해 보십시오. 여러분이 노력할 수 있는 에너지는 어디서 왔습니까? 무언가를 먹고 그렇게 힘을 냈을 테죠.

우리가 밥을 먹습니다. 밥을 입에 넣고 씹으면 입에서 소화효소가 나옵니다. 아밀라아제라고 하는 침 안에 포함된 성분입니다. 이 효소가 탄수화물을 소화하도록 도와줍니다. 그런데 침은 어떻게 나옵니까? 그냥 나옵니다. 침이 나와서 첫 번째 소화작용을 하고 나면, 음식물이 목구멍으로 넘어갑니다.

식도는 연동운동을 해서 넘어온 음식을 장으로 보냅니다. 음식이 위에 도착하면 위는 위액을 분비하고 소화운동을 합니다. 위액은 단백질을 분해합니다. 위액으로 분해된 음식물은 십이지장으로 넘어가고, 여기서 쓸개즙과 이자액을 만나 탄수화물, 단백질, 지방이 소화됩니다.

다음으로 음식물은 소장으로 넘어가고 소장에서 분해된 음식물의 영양소가 흡수되어 온몸으로 전달됩니다. 이어서 대장으로 넘어간 음식물에서 수분이 흡수되고 남은 찌꺼기들은 항문을 통해 변으로 배출됩니다.

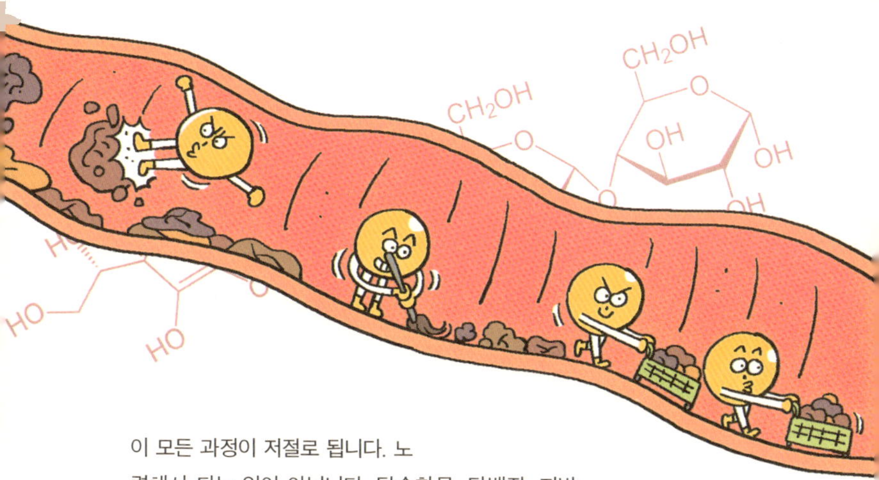

이 모든 과정이 저절로 됩니다. 노
력해서 되는 일이 아닙니다. 탄수화물, 단백질, 지방,
무기질, 비타민 등 모든 영양분이 알아서 분해되어 우리 몸에 공
급됩니다. 이 모든 과정을 직접 노력해서 돌리려면 여러분은 영양결핍으로
금세 쓰러지고 말 것입니다. 비타민만 해도 비타민 A, B, C, D, B_1, B_2 등 종
류가 무수히 많은데 그걸 어떻게 다 외워서 작용시킬 수 있겠습니까?

어찌어찌해서 영양분을 모두 분해했다고 칩시다. 그렇게 분해된 영양분은
피를 통해 온몸의 세포로 전해집니다. 우리 몸에는 40-60조 개 정도의 세
포가 있다고 합니다. 여러분이 직접 이들 세포 하나하나에 영양분을 전달
한다고 생각해 보십시오. 세포 하나에 1초씩만 잡아도 40조 세포에 영양분
을 전달하려면 40조 초가 걸립니다. 40조 초는 약 1,268,391년에 해당합
니다. 내가 먹은 밥, 내가 직접 소화시키려다간 한 끼에 130만 년이 걸릴 판
입니다.

그러나 다행히 이 모든 게 우리 노력과 무관하게 저절로 이루어집니다. 우

하나님만 하실 수 있는 일

리가 자는 동안에도 심장은 뛰고, 뇌는 활동하며, 허파는 숨 쉬고, 피는 끊임없이 돕니다. 내가 노력했기 때문입니까? 그렇지 않습니다.

밥은 어떻게 우리 입에 들어옵니까? 농부들 덕분입니까? 물론 농사 짓는 분들에게 늘 감사해야 합니다. 그런데 잘 생각해 보십시오. 원래 벼는 농부가 키우지 않아도 저절로 자랍니다. 벼가 저절로 땅에 뿌리를 내리고, 알아서 양분을 흡수하며, 태양빛을 이용해 광합성을 합니다. 벼가 자라는 건 사람이 하는 일이 아닙니다. 사람은 벼가 잘 자라도록 도울 뿐입니다. 쉽게 꺾이는 벼 잎새 하나에도 인간은 만들 수 없는 우주가 담겨 있습니다.

태양은 어떻습니까? 놀랍게도 태양은 우리 도움 없이 저절로 빛과 열을 냅니다. 얼마큼이요? 딱 우리가 살아갈 수 있을 만큼입니다. 비도 그렇습니다. 물이 수증기가 되어 하늘에 떠다닐 만큼 좋게 만들어져 떠다니다가 일정 무게가 되면 땅에 떨어지는 게 비입니다. 비가 내리지 않으면 강과 시내가 마르고 사람이 살 수 없는 곳이 될 텐데 기가 막히게 비가 만들어집니다. 이런 게 우리 노력으로 되는 일입니까? 결코 아닙니다.

지구는 늘 24시간에 스스로 한 바퀴를 돌고, 365일에 태양을 한 바퀴 돕니다. 지구의 자전 속도가 얼마나 되는지 아십니까? 적도를 기준으로 약 초속

460m라고 합니다. 적도에 사는 사람들은 가만히 앉아 있어도 우주를 1초에 460m나 날아가는 것입니다. 음속이 초속 331.5m(섭씨 0도, 1기압 기준)이니 소리보다 빠르게 우주를 날고 있는 셈입니다. 그뿐입니까? 지구의 공전 속도는 1초에 30km로 음속의 90배입니다. 이 엄청난 우주의 움직임과 법칙 속에서 우리가 살아갑니다. 어느 날 지구가 조금이라도 궤도를 벗어나거나 태양이 지구와 조금이라도 가까워지거나 멀어지면 지구 생명체는 순식간에 몽땅 사라질 겁니다. 우주가 치밀하게 움직이고 있는 덕분에 우리는 생명을 유지하고 있습니다. 이런 게 우리 노력으로 되는 일입니까? 전혀 아닙니다.

따지고 보면 자연의 모든 것을 우리는 거저 누리고 있습니다. 여기에 무슨 우리의 공로가 있을까요? 우리가 인생에서 모든 걸 거저 얻었는데 거기서 뭘 조금 나누면서 '내 공로'를 내세운다는 것 자체가 어처구니없는 일입니다. 어떤 착한 일을 하든 그것은 내 공로가 아닙니다. 그러니 내가 칭찬받을 이유는 없습니다. 거저 받은 것의 일부를 나눴을 뿐이니까요. 그것도 쥐꼬리만큼이요. 엉망으로 사용한 죄는 내버려둔다 해도 우리가 노력으로 천국에 갈 만한 이유를 댄다는 건 가당찮은 일입니다. 아무리 노력해도 우리는 천국에 합당할 만큼 완전해질 수 없습니다. 그 노력조차 실제론 내 것이라고 할 수 없습니다

내가 책임질 수 없는 내 인생

청소년들이 부모님에게 많이 하는 말이 있습니다.

"냅둬요. 내 인생이에요!"

여러분을 탓하는 게 아닙니다. 여러분의 부모님도 여러분의 할아버지, 할머니에게 그랬을 겁니다. 사실은 세상 모든 사람들이 하나님께 그럽니다. "냅둬요. 내 인생이에요!"

그런데 정말 내 인생인가요? 생명, 시간, 땅, 하늘, 태양, 공기, 물, 식물, 동물 등 자연계의 그 어느 것도, 심지어 내 몸도 내 노력으로 만들거나 유지하는 게 아닌데 말입니다. 내 인생은 내 것이 아닙니다. 다들 그렇게 말한다고 그게 옳은 건 아닙니다.

인생이 결코 내 것이 아니라는 가장 강력한 증거는 바로 '죽음'입니다. 죽음에 이르면 우리는 생명, 건강, 가족, 재산 등 모든 것을 내려놓아야 합니다. 그때 가서 알게 되죠. 아무것도 내 것이 아니었음을 말입니다.

여러분, 인간이, 인간의 능력이 뭔가 대단하다고 생각하시나요? 그런 거짓말에 속지 마십시오. 죽음 앞에서 인간은 얼마나 연약한 존재인지 모릅니다.

수년 전 저의 아버지께서 암으로 세상을 떠나셨습니다. 암이 말기로 진행되면서 아버지는 음식물을 삼키지 못하셨습니다. 드시기만 하면 다 토하셨습니다. 나중에는 물 한 모금도 삼키지 못하셨습니다. 입이 바싹바싹 마르는데 물을 삼킬 수 없으니 입안만 헹구고 뱉으셔야 했습니다. 저는 그런 아버지의 모습을 지켜보기만 해야 했습니다.

아버지를 살리자는 게 아니었습니다. 그냥 물 한 모금 시원하게 넘기게 해 드리면 좋겠다고 생각했습니다. 그런데 그걸 할 수 없었습니다. 오늘날 과학이나 의학이 대단해 보여도 아무것도 아님을 그때 느꼈습니다. 그 대단한 과학이, 인간의 힘이 사랑하는 아버지에게 물 한 모금을 마시게 해 주지 못했습니다.

아버지는 굉장히 똑똑한 분이었습니다. 명문대 이공계열에서 공부해서 고등학생이던 저보다 더 수학을 잘 푸셨습니다. 미분, 적분 문제를 쓱쓱 푸시던 아버지 모습이 생생합니다. 그런데 암이 말기로 가면서 아버지는 기억을 잃어버리셨습니다. 암의 독성 때문인지 약물 때문인지 정신이 온전치 못했습니다.

어느 날 아버지의 친구 분이 찾아오셨습니다. 투병 사실을 알리지 않았는데 어떻게 소식을 듣고 집으로 달려오셨습니다. 어릴 적부터 친구였던 그분은 아버지 발치에서 눈물만 흘리다 가셨습니다.

그날 저녁 아버지가 제게 물어보셨습니다. "재욱아, 아버지가 많이 아프냐?"
저는 깜짝 놀라 대답했습니다. "네, 많이 아프세요."
"무슨 병인데?"
"아버지는… 암에 걸리셨잖아요."

아버지는 자신이 암에 걸렸다는 사실조차 잊으셨던 것입니다. 아버지는 그제야 알겠다는 표정으로 말씀하셨습니다. "그래서 그 친구가 그렇게 울다가 갔구나."

여러분, 사람의 머리가 굉장히 똑똑한 것 같죠? 건강하고 힘 있을 때는 뭐든지 다 할 수 있을 것 같죠? 노력하면 못할 게 없을 것처럼 보이죠? 그런데 뇌신경 가닥 하나만 이상해져도 자기가 누군지 모르게 되는 것이 인간입니다.

그러고 보면 사는 것,
숨 쉬는 것 자체가
선물이자 은혜임을
고백하지 않을 수 없습니다.

우리는 아무 능력이 없습니다. 거저 생명이 주어지고, 거저 건강이 주어지면, 주어진 만큼 시간을 채우고 나서 다 놓고 떠나야 하는 게 인생입니다.

그제서야 우리는 알게 됩니다. 내 인생은 결코 내 것이 아니라는 사실을 말입니다. 죽음 이후의 영원한 시간을 준비하는 것은 둘째치고, 우리는 지금 사는 내 인생조차 제대로 책임질 능력이 없습니다. 사람은 생각보다 연약합니다.

물에 빠졌으면 살려 달라고 외쳐라

그러면 어떻게 해야 할까요? 노력으로 안 된다면, 노력이 답이 아니라면 뭘 할 수 있단 말입니까? 바로 그겁니다! 우리가 할 수 있는 게 없습니다. 그걸 아는 것이 중요합니다. 그 사실만 알면 진리에 한 발은 들여놓은 것입니다.

예수님 제자들의 설교를 듣고 사람들은 마음이 찔려서 이렇게 외쳤습니다. "우리가 어떻게 하면 좋겠습니까?"(사도행전 2:37) 어떻게 해야 할까요? 아무것도 할 수 없는 우리가 어떻게 해야 할까요? 물에 빠진 사람이 스스로 물에서 나올 수 없다면 어떻게 해야 할까요? 길은 하나입니다. "살려 주세요!"라고 외쳐야 합니다.

사람들은 이런 방식의 구원을 싫어합니다. 자존심이 상하기 때문입니다. 자신의 무력함을 인정하기 싫기 때문입니다. 자기 힘으로 할 수 있다고 끝까지 믿고 싶기 때문입니다. 그래

서 물에 빠져 죽어가면서도 "살려 주세요!" 이 한마디를 외치지 못합니다.

그러나 도저히 빠져나올 수 없는 죄와 절망의 수렁에 빠진 사람이 할 수 있는 일은, 움켜쥐고 있던 걸 다 집어던지고 하나님께 살려 달라고 외치는 것밖에 없습니다. 내 능력을 믿고 내 인생의 주인 노릇했던 걸 모두 내던지고 하나님께 살려달라고 외쳐야 합니다. 성경은 이것을 회개라고 합니다.

회개란, 단순히 죄를 뉘우치는 게 아닙니다. 누구나 죄를 지으면 후회를 합니다. 특히 그 죄로 인해 큰 손해를 입었을 경우 더욱 그렇습니다. 그러나 단순히 죄를 후회하는 게 회개는 아닙니다. 진심으로 후회한다고 죄가 사라지거나 용서되는 것은 아니기 때문입니다.

우리는 죄를 용서할 수 있고, 우리를 죄에서 건질 수 있는 분에게로 돌이켜야 합니다. 그것이 회개입니다. 돌아서는 것입니다. 하나님께 나아가기 위해 여러분이 외쳐야 할 말은 이 한마디입니다. "하나님, 저 좀 살려 주세요!" 여기서 모든 게 시작됩니다.

하나님, 저 좀 살려 주세요!

사람이 할 수 없는 일을 하나님이 하시다

예수님은 "부자가 하나님 나라에 들어가는 것보다 낙타가 바늘귀로 들어가는 것이 더 쉽다"고 말씀하셨습니다. 그 말씀을 들은 사람들이 놀라서 대답합니다. "그렇다면, 누가 구원을 받을 수 있겠는가?"(누가복음 18:25-26)

사람들은 왜 이처럼 놀랐던 걸까요? 당시 사람들은 부자들을 보며 하나님께 복받은 사람들이라고 생각했습니다. 부자가 할 수 없는 일은 가난한 사람도 당연히 할 수 없는 일이었습니다. 그러니 부자가 천국에 갈 수 없다는 건 천국에 갈 사람이 아무도 없다는 말과 같았습니다.

예수님은 당시 사람들의 이런 생각을 염두에 두고 말씀하셨습니다. 단순히 부자가 천국에 들어가기 힘들다는 말씀이 아니라, 사람이 자기 능력으로는 결코 천국에 들어갈 수 없다는 말씀을 하신 것입니다.

그러자 사람들이 놀라서 묻습니다. "부자도 못 가는 천국이라면 도대체 누가 갈 수 있단 말인가?"

이에 예수님의 대답은 명확합니다.

사람은 할 수 없는 일이라도 하나님은 하실 수 있다(누가복음 18:27).

그렇습니다. 구원은 하나님께서 하시는 일입니다. 사람의 능력으로는 불가능합니다. 하나님만 하실 수 있습니다. 하나님은 어떤 방법으로 사람을 구원하셨을까요?

성경은 한마디로 요약합니다.

하나님이 세상을 이처럼 사랑하셔서 독생자를 주셨으니, 누구든지 그를 믿으면 멸망하지 않고 영생을 얻을 것이다(요한복음 3:16).

성경의 핵심은 이것입니다. 세상에서 가장 놀라운 사건입니다. 하나님의 아들이 우리의 구원을 위해 이 땅에 오셨다는 것입니다. 뒤에서 살펴보겠지만, 하나님의 아들은 곧 하나님입니다. 하나님께서 우리를 구원하기 위해 이 땅에 내려오신 것입니다.

세상의 모든 사상과 종교는 인간의 노력으로 하늘에 올라가려는 시도라고 할 수 있습니다. 천국이든, 극락이든, 해탈이든 그 이름은 다를 수 있습니다. 그러나 어쨌든 원하는 곳에 이르기 위해 열심히 노력합니다. 세상과 연을 끊고 금식, 묵언, 독신 같은 고행의 길을 걷습니다. 선행에 힘씁니다. 열심히 기도하고, 제사하고, 헌금합니다.

그러나 성경에서 말하는 완전한 천국, 곧 하나님 나라는 이런 노력으로 도달할 수 있는 곳이 아닙니다. 우리 노력으로는 그곳에 도저히 올라갈 수 없습니다.

우리가 하늘에 올라갈 수 없기 때문에
하나님께서 이 땅에 내려오셨습니다.

이것이 복된 소식, 바로 '복음'입니다.

우리를 구원하기 위해
세상에 내려오신 하나님.

이 놀라운 기적이야말로
우리에게 주어진
유일한 구원의 길입니다.

이 땅에 내려오신 하나님, 하나님의 아들, 우리를 구원하시는 구원자의 이름은 예수 그리스도입니다. 성경의 모든 말씀은 예수 그리스도 한 분을 향하고 있습니다. 예수님께서 이 땅에 오셔서 무엇을 하셨는지 알면, 구원의 길이 무엇인지 알게 됩니다.

사람으로 오신 하나님, 예수 그리스도

예수님에 대해 가장 먼저 알아야 할 사실은, 그분이 하나님이라는 사실입니다. 흔히 예수님을 석가모니, 공자, 소크라테스와 함께 세계 4대 성인으로 꼽습니다. 인류의 스승이라고 말합니다. 그러나 이것은 예수님을 한참이나 오해한 말입니다. 성경이 말하는 예수님은 우리가 흔히 상상하는 성인 군자의 모습과는 거리가 멉니다. 예수님은 자신을 하나님의 아들이라고 말씀하십니다. 이 말을 들은 유대인들은 신성모독이라고 생각했습니다. 유대인의 생각에 아들은 아버지와 다르지 않은 존재이기 때문입니다. 그것은 자신이 하나님과 같다는 말이었습니다.

"당신이 우리 조상 아브라함보다 더 대단한 사람입니까?"라고 묻는 유대인들에게 예수님은 말씀하십니다. "너희의 조상 아브라함은 나의 날을 보게 될 것을 즐거워하였고, 마침내 보고서 기뻐하였다." 유대인들은 또 묻습니다. "당신은 아직 나이가 쉰도 안 되었는데, 아브라함을 보았다는 말이오?" 예수님은 그들에게 말씀하십니다. "내가 진정으로 진정으로 너희에게 말한다. 아브라함이 있기 전부터 내가 있었다." 그러자 유대인들은 돌을 들어 예수님을 치려고 합니다. 예수님은 성전 바깥으로 몸을 피하십니다(요한복음 8:56-59).

예수님은 유대인의 조상인 아브라함이 자신을 보았다고 말씀하십니다. 아브라함은 예수님이 이 땅에 오시기 전, 그러니까 기원전 2,000년경에 살았던 사람입니다. 그런데 어떻게 예수님을 본 걸까요? 하나님은 아브라함에게 예수님에 대한 약속을 주셨습니다.

… 땅에 사는 모든 민족이 너로 말미암아 복을 받을 것이다(창세기 12:3).

네가 나에게 복종하였으니, 세상 모든 민족이 네 자손의 덕을 입어서, 복을 받게 될 것이다(창세기 22:18).

그런데 하나님께서 아브라함과 그 자손에게 약속을 하여 주실 때에, 여러 사람을 가리키는 말로 '자손들에게'를 쓰시지 않고, 오직 한 사람을 가리키는 말로 '너의 자손에게'라는 말을 쓰셨습니다. 그 한 사람은 곧 그리스도이십니다(갈라디아서 3:16).

아브라함은 하나님이 **말씀**을 통해 예수님께서 이 땅에 오시기 2천 년 전에 예수님을 보고 믿었습니다. 우리와 아브라함은 다르지 않습니다. 오늘날 그리스도인들은 예수님께서 오신 2천 년 후를 살아가고 있습니다. 아무도 예수님을 직접 본 사람은 없지만 하나님의 말씀을 통해 예수님을 알고 믿습니다. 아브라함이 2천 년 전에 말씀으로 예수님을 알았던 것처럼 말입니다.

차이가 없습니다. 결국 우리는 말씀으로 예수님을 압니다. 예수님은 말씀이 육신이 되어 이 땅에 오신 말씀 그 자체이기 때문입니다.

이 사실을 이해하지 못해 어리둥절해 하는 유대인들에게 예수님은 결정적인 말씀을 하십니다. "아브라함이 있기 전부터 내가 있었다." 무슨 말일까요? 사람이 어떻게 2천 년 전에도 있고 지금도 있을 수 있을까요? 이것은 신성(神聖)을 드러내는 말로서 예수님 자신이 하나님이라는 걸 밝히시는 대목입니다.

성경에는 이밖에도 예수님께서 자신을 하나님과 동일시하는 대목이 셀 수 없이 많이 나옵니다. 하나만 더 살펴보겠습니다. 성경을 보면 예수님께서 죽으신 후 3일 만에 부활하시는 장면이 나옵니다. 3일 만에 죽은 사람이 다시 살아나다니 무슨 판타지 소설 같은 얘기냐고요? 네, 예수님의 열두 제자 중 하나인 도마도 그 말을 믿지 못했습니다.

부활하신 예수님을 봤다는 다른 제자들의 말을 들은 도마는 어이없어 하며 말합니다. "무슨 말도 안 되는 소리야! 내 눈으로 예수님을 보고, 내 손으로 만져 보기 전까진 너희 말을 믿을 수 없어!" 그때 예수님께서 나타나셨고, 도마는 예수님을 보자마자 깜짝 놀라 고백합니다. "나의 주님, 나의 하나님!" 예수님은 자신을 가리켜 하나님이라고 하는 도마의 고백을 그대로 받으십니다. 그리고 말씀하십니다. "너는 나를 보았으므로 믿느냐? 나를 보지 않고도 믿는 사람은 복이 있다"(요한복음 20:28-29).

예수님을 만나면 우리는 둘 중 하나를 선택해야 합니다. 예수님을 하나님이라고 믿든지, 아니면 스스로를 신으로 착각한 미치광이라고 생각하든지 말입니다. 예수님에게 성인 군자니 인류의 스승이니 하는 이름을 적당히 갖다 붙이는 건 아무 의미가 없습니다. 예수님을 신성모독하는 미치광이라고 생각한 사람들은 그분을 십자가에 달아 죽였습니다. 한편 그 반대편에서 예수님을 위해 기꺼이 자기 목숨을 바친 사람들이 있습니다. 그들은 예수님을 하나님으로 믿었습니다.

하나님께서 인간이 되어 세상에 오셨다는 건 우리 머리로 온전히 이해할 수 있는 사건이 아닙니다. 우리는 완전한 하나님인 동시에 완전힌 인간이신 예수님을 믿음으로만 받아들일 수 있습니다. 그것은 하나님만이 하실 수 있는 구원 방식입니다. 인간이 하나님께로 올라갈 수 없기 때문에 하나님께서 인간이 되어 내려오셨습니다. 그리고 인간이 할 수 없는 그 일을 직접 하셨습니다. 바로 우리의 구원을 이루시는 일입니다.

우리를 위해 죽으신 구원자

"하나님이 어떻게 인간이 돼?"

이해되지 않는 일은 안 믿는 사람이 있습니다. 논리적인 것은 좋습니다. 그러나 논리가 모든 것을 말해 주진 않습니다.

삼단논법이라는 것이 있습니다.

"나는 못생긴 사람이 싫다. 이 남자는 못생겼다. 그러므로 나는 이 남자가 싫다."

이게 논리입니다. 그런데 어떤 사람에겐 이런 일이 일어납니다.

"나는 못생긴 사람이 싫다. 이 남자는 못생겼다. 그런데 나는 이 남자를 사랑한다."

어맛, 완전 내 타입!!

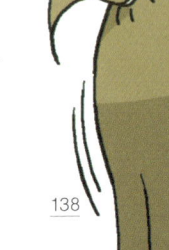

말이 안 됩니다. 그런데 은혜가 됩니다. 못생긴 사람들에게도 소망이 생깁니다. 우리 가운데 이해할 수 없는 이런 일이 실제로 일어납니다.

성경은 말합니다. "하나님은 죄를 미워하신다. 우리에겐 죄가 있다. 그런데 하나님은 우리를 사랑하신다." 논리에 맞지 않습니다. 그런데 이렇게 말이 안 되는 일이 일어났습니다. 그것이 바로 예수님께서 우리를 위해 행하신 일입니다.

하나님은 전지전능하십니다. 모든 것을 알고 하실 수 있다는 뜻입니다. 그런데 사실 하나님께서 하실 수 없는 일이 있습니다. 예를 들어, 하나님은 실수하지 못하십니다. "미안하다. 네 얼굴을 그렇게 만든 건 실수였어." 이렇게 말씀하실 수 없습니다. 여러분의 얼굴은 실수가 아닙니다. 믿으세요.

또 하나님은 약속을 취소하실 수도 없습니다. 악한 일을 계획하거나 죄를 지으실 수도 없습니다. 이런 일은 하나님의 성품과 맞지 않기 때문입니다. 하나님은 정의로운 분입니다. 공정하신 분입니다. 죄를 지었는데 그냥 대충 넘어가는 건 있을 수 없습니다. 그런 건 뇌물받은 재판관이나 하는 일입니다. 하나님은 죄인을 공정하게 심판하십니다.

하나님은 사랑이시기도 합니다. 하나님은 어떤 죄인이라도 용서받을 길을 주길 원하십니다. 죄를 미워하면서도 죄인을 사랑하길 원하십니다. 어떻게 하면 될까요?

하나님은 우리 죄를 대신 지고 스스로 벌받는 길을 선택하셨습니다. 그래서 하나님의 아들이 이 땅에 사람으로 오셨습니다. 하나님, 곧 하나님의 아들이 우리의 죄를 '대속'(代贖)하셨습니다. 죄 값을 대신 치르신 것입니다. 우리를 대신해 심판받고 죽으셨습니다.

예수 그리스도께서는 하나님 우리 아버지의 뜻을 따라 우리를 이 악한 세대에서 건져 주시려고, 우리의 죄를 대속하기 위하여 자기 몸을 바치셨습니다(갈라디아서 1:4).

그는 우리 죄를 그의 몸에 몸소 지시고, 나무에 달리셨습니다. 그것은 우리가 죄에는 죽고, 의에는 살게 하시려는 것입니다. 그가 매를 맞아 상함으로, 여러분이 나음을 얻었습니다(베드로전서 2:24).

하나님인 하나님의 아들이 우리를 위해 대신 고통받고, 대신 죽으셨습니다. 극악한 죄인을 처형하는 도구인 십자가에 달려서 말입니다.

하나님이 인간이 되셨다는 건 이해하지 못할 일입니다. 그 하나님이 인간의 손에 죽임을 당했다는 건 더 이해하지 못할 일입니다. 심지어 하나님은 자신을 죽인 인간들을 위해 그렇게 하셨습니다. 네, 맞습니다. 도저히 이해할 수 없는 일입니다.

"말도 안 돼! 어떻게 그걸 믿어?"

네, 맞습니다. 말도 안 됩니다. 그런데 하나님이 우리를 그렇게 말도 안 되게 사랑하지 않으셨다면 우리가 어떻게 완전한 천국을 얻을 수 있을까요? 하나님은 우리를 말도 안 되게 사랑하셨습니다.

우리 같은 죄인들에게 구원의 길을 열어 주기 위해 사람이 되어 죽으셨습니다. 하나님의 아들 예수님이 우리를 위해 죽으셨습니다. 이제 이 사실을 받아들이는 사람은 삽니다. 구원을 받습니다. 끝까지 자기 노력으로 살겠다는 사람은 죽습니다. 심판을 받습니다.

하나님의 아들이 나를 위해 죽으셨음을 믿으면, 받아들이면 삽니다. 노력이 아닙니다. 하나님의 사랑입니다. 은혜입니다. 예수님의 십자가입니다. "하나님이 세상을 이처럼 사랑하셔서 독생자를 주셨으니, 누구든지 그를 믿으면 멸망하지 않고 영생을 얻을 것이다"(요한복음 3:16).

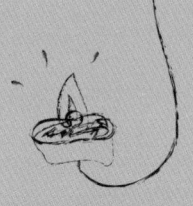

네, 말도 안 됩니다.

그런데 하나님이 우리를 그렇게 말도 안 되게
사랑하지 않으셨다면 우리가 어떻게
완전한 천국을 얻을 수 있을까요?

하나님은 우리를 말도 안 되게 사랑하셨습니다.

우리 같은 죄인들에게 구원의 길을
열어 주기 위해 사람이 되어 죽으셨습니다.

가장 놀라운 기적, 구원

성경에는 많은 기적이 기록되어 있습니다. 하나님께서 바다를 가르고 죽은 사람을 살리십니다. 하늘에서 불이 떨어지고 불치병자가 낫고 귀신이 쫓겨 나갑니다. 과학 시대에 이런 일들을 믿기가 쉽지 않습니다.

"태초에 하나님이 천지를 창조하셨다." 여기까진 믿어 보려 했습니다. 근데 바다를 가르셨다? 이건 아닙니다. 어떻게 바다가 갈라집니까? 그런 건 신화 아닙니까?

예수님께서 말씀하십니다. "원수를 사랑하라." 좋습니다. 멋있습니다. 믿을 만합니다. 그래서 한번 믿어 보려 했는데 갑자기 예수님께서 죽은 사람을 살립니다. 에이, 이건 아니죠. 갑자기 물 위를 막 걸어 가십니다. 에이! 이건 진짜 아니죠! 도저히 믿을 수 없는 얘기입니다. 사람이 믿을 만하게 만들려 했다면, 이런 내용은 성경에서 없애야 맞을 것 같습니다.

그런데 다른 한편으로 곰곰이 생각해 보십시오. 그러면 하나님께서 기적을 못 일으키셔야 믿을 만하겠습니까?

성경 출애굽기에는 이집트에서 탈출한 이스라엘 백성들의 이야기가 나옵니다. 이집트를 탈출해 홍해 바다 앞에 선 이스라엘 백성들에게 긴급한 소식이 들려옵니다. 이집트 군대가 코앞까지 쫓아왔다는 소식입니다. 백성들은 울고불고 난리가 납니다. 모세가 하나님께 부르짖으며 구합니다.

하나님께서 말씀하십니다. "나더러 어쩌라는 거냐. 네 앞에 있는 것은 바다니라. 바다는 무지 깊다. 나도 어쩔 수 없다." 그래서 이스라엘 백성들이 다 죽고 말았다는 슬픈 전설입니다.

자, 이제 믿을 만합니까? '오! 하나님은 역시 과학적이시군요. 바다를 가르는 일 따윈 하지 않으시는군요' 하겠습니까? 이번 주 주일 설교 제목이 '어쩔 수 없을 땐 다 죽이시는 하나님'이 돼야 고개를 끄덕이겠습니까?

저는 그런 하나님은 못 믿겠습니다. 저하고 똑같잖습니까? 저도 바다를 못 가르고 하나님도 못 가르고…. 하나님께서 바다를 만드셨다면서 그거 하나 못 가른다면 어떻게 믿겠습니까? 사람을 만드셨다면서 죽은 사람 하나 다시 못 살리면 어떻게 믿겠습니까? 물을 만드신 분이 물 위를 못 걸으면 어떻게 믿겠습니까?

무엇보다 이 모든 기적이 불가능한 하나님께서 어떻게 우리 인간을 구원하시겠습니까? 성경에 이렇게 많은 기적이 기록된 이유가 있습니다. 하나님께서 "나 이런 것도 할 줄 안다. 깜짝 놀랐지?" 하시려는 게 아닙니다.

성경의 기적은 전부 우리의 구원과 관계되어 있습니다. 하나님께서 우리를 구원하시는 기적 같은 일을 설명하기 위해 기록되어 있습니다.

하나님께서 인간이 되셨고, 우리를 위해 죽으신 기적, 나 같은 가망 없는 사람이 하나님의 자녀가 되고, 하나님 나라의 백성이 되는 기적. 이 기적이이야말로 성경의 모든 기적이 설명하고 있는 가장 큰 기적입니다.

성경엔 왜 이렇게 많은 기적이 나와요?
혹시 하나님이 "나 이런 것도 할 줄 안다.
깜짝 놀랐지?" 하며 자랑하시려는 건가요?

그럴 리가. 성경에 나오는 기적은 전부 우리의
구원과 관계가 있어. 하나님께서 우리를 구원하시는
기적을 설명하기 위해 그런 일들을 성경에 기록한 거야.
적당히 믿을 만하게 만들려 했다면
다른 식으로 썼겠지.

오잉, 그랬구나…

하나님께서 인간이 되어 나를 위해
죽으심으로 내가 구원받은 것, 그거야말로
가장 큰 기적 중의 기적이시.

홍해의 기적과 거듭남의 의미

홍해가 갈라진 모세의 기적은 영화나 애니메이션으로도 여러 번 다뤄진 장면입니다. 하나님은 약 400년간 이집트 노예로 살아온 이스라엘 백성들을 탈출시키셨습니다. 홍해 바다 앞에 섰을 때 그들은 이집트 정예군이 뒤쫓아 왔다는 절망적인 소식을 듣습니다. 앞에는 바다, 뒤에는 이집트 군대, 절체절명의 위기입니다. 빠져나갈 길이 없습니다. 이때 하나님께서 바다를 가르십니다. 기적이 일어난 것입니다.

한번 상상력을 동원해 봅시다. 이 긴박한 장면을 아주 먼 발치에서 구경하는 다른 나라 사람들이 있다고 칩시다. 그들은 신나게 서로 얘기합니다.

"야, 이스라엘이 이집트를 나왔다더니만 결국 저렇게 죽나?"
"그래도 죽기 아니면 까무러치기로 한번 싸워 보지 않을까? 그냥 죽진 않겠지. 혹시 알아? 싸우면 이길지…."

"말도 안 되는 소리! 상대는 이집트의 최강 정예군이야. 이스라엘은 종살이 하다가 나와 무기 하나 변변히 없다고. 문제는 죽느냐 항복하느냐지 이길 수 있느냐 없느냐가 아니야."
"그래, 어디 스펙타클한 구경 한번 해볼까!"

그리고 지켜봅니다. 그런데 그들은 이 광경을 정면이 아니라 측면에서, 그것도 아주 멀리서 보느라 바다가 갈라진 걸 알아차리지 못합니다. 그래서 이스라엘이 갈라진 바닷길로 들어서는 것이 그들 눈에는 꼭 바다로 뛰어드는 것처럼 보입니다.

"이스라엘 사람들이 미쳤나 봐! 바다로 막 들어가는데?"
"아이고, 싸워 보기라도 하지. 아니면 다시 노예가 되든가. 맥없이 바다에 몸을 던지다니!"

그들은 안타까운 시선으로 바라보다가 자리를 털고 일어나려 합니다. 상황이 끝났다고 생각했으니까요. "야, 200만 명이 바다에 빠져 죽는 건 인류 역사상 우리밖에 못 봤을 거야." 그때였습니다. 바다에 빠져 죽었다고 생각했던 이스라엘 백성들이 바다 반대편에서 막 올라옵니다.

"어! 어! 저게 뭐야. 바다에 빠졌던 사람들이 안 죽고 걸어 나오고 있잖아!"
"뭐? 잘못 봤겠지. 어떻게 사람이 바다에서 걸어 나와!"

이스라엘 백성들은 바다에 빠져 죽을 수밖에 없었습니다. 그런데 하나님께서 놀라운 구원의 길을 내십니다. 우리의 구원이 이와 같습니다. 우리는 죄 가운데 죽을 수밖에 없었습니다. 그런데 예수 그리스도가 놀라운 구원의 길을 내십니다. 이 구원의 길로 들어간 사람들은 다시 살아 나옵니다.

성경은 전에 우리가 죄의 종이었다고 말합니다. "여러분이 전에는 죄의 종이었으나…"(로마서 6:17). 여기서 종은 노예입니다. 우리는 죄의 지배를 받고 있었습니다. 모두가 죄에 빠져 자기 힘으론 벗어날 수 없었습니다. 이집트의 노예가 되어 자기 힘으론 도저히 벗어날 수 없었던 이스라엘 백성들처럼 말입니다.

우리가 죄에서 완전히 벗어나려면 죽음이라는 대가를 치러야 합니다. 이스라엘 백성들이 이집트에서 완전히 벗어나기 위해 홍해를 건너야 했듯이요. 그런데 우리는 죄를 이길 수 없습니다. 죽음을 넘어설 수 없습니다. 홍해를 건널 수 없습니다.

그런데 기적이 일어납니다. '이젠 죽었구나' 하고 절망하던 이스라엘 백성들 앞에서 바다가 갈라집니다. 길이 생깁니다. 도무지 이길 수 없는 죄와 죽음 앞에서 절망하던 우리에게도 기적이 일어납니다. 하나님께서 인간이 되어 이 땅에 오십니다. 우리 죄를 위해 죽으심으로 구원의 길을 여십니다.

그래서 성경은 홍해를 건넌 이스라엘 백성들을 이렇게 설명하고 있습니다.

형제자매 여러분, 나는 여러분이 이 사실을 알고 지내기를 바랍니다. 우리 조상들은 모두 구름의 보호 아래에 있었고, 바다 가운데를 지나갔습니다. 이렇게 그들은 모두 구름과 바다 속에서 세례를 받아, 모세에게 속하게 되었습니다(고린도전서 10:1-2).

네, 이스라엘 백성들이 바다 속에서 세례를 받았다는 것입니다. 세례란 사람이 예수님을 믿고 거듭났음을 드러내는 표시입니다. 이스라엘 백성들에게 홍해는 다시 태어났음을 알리는 표시였습니다. 이처럼 하나님의 구원 안에 있는 사람들은 이전의 내가 죽고, 이전 것은 지나가고, 다시 태어난 나, 새로운 나로 살게 됩니다.

다시 태어난 사람들

하나님의 아들, 예수 그리스도가 나를 위해 죽으심을 믿고 죄 사함을 받으면 어떤 일이 벌어질까요? 성경은 그럴 때 우리가 '거듭난다'고 말합니다. 풀어 말해, 다시 태어난다는 뜻입니다.

밤중에 찾아온 니고데모에게 예수님은 말씀하셨습니다. "내가 진정으로 진정으로 너에게 말한다. 누구든지 다시 나지 않으면, 하나님 나라를 볼 수 없다."

니고데모는 예수님께 물었습니다. "사람이 늙은 뒤에, 어떻게 다시 태어날 수 있겠습니까? 어머니 뱃속에 다시 들어갔다가 태어날 수야 없지 않습니까?"

예수님은 대답하셨습니다. "내가 진정으로 진정으로 너에게 말한다. 누구든지 물과 성령으로 나지 않으면, 하나님 나라에 들어갈 수 없다. 육으로 난 것은 육이요, 영으로 난 것은 영이다. 너희가 다시 태어나야 한다고 내가 말한 것을, 너희는 이상히 여기지 말아라. 바람은 불고 싶은 대로 분다. 너는 그 소리는 듣지만, 어디에서 와서 어디로 가는지는 모른다. 성령으로 태어난 사람은 다 이와 같다"(요한복음 3:3-8).

우리는 엄마 뱃속에서 몸으로 태어납니다. 그러나 영혼은 죄로 깨져 있습니다. 성경은 영혼이 죽어 있다고 말합니다. 영혼이 모양은 있는데 생명이 없는 것입니다.

이 영혼이 생명을 얻게 되는 두 번째 태어남이 있습니다. 예수님은 그것을 '다시 태어난다'고 말씀하십니다. 이 태어남은 눈으로 볼 수 없습니다. 그러나 바람이 눈에 보이진 않아도 분명히 있는 것처럼 영혼이 태어나는 일도 분명히 있습니다.

영혼으로 다시 태어난 사람은 죄 사함을 받은 사람입니다. 예수님을 믿고 죄 사함을 받으면 성령 하나님이 우리 안에 들어오십니다. 거룩한 영이신 성령 하나님이 우리 안에 들어오시면 죽었던 우리 영혼이 살아납니다.

영혼이 살아난 사람은 이제 하나님의 심판을 받지 않습니다.

하나님 나라의 백성이 됩니다. 첫 번째 태어난 몸이 죽어도 다시 살게 됩니다. 영원한 생명을 누리게 되는 것입니다. 겉으로는 별다른 게 없어 보이지만 내용은 완전히 새로운 사람이 됩니다.

성경은 이렇게 말합니다.

누구든지 그리스도 안에 있으면, 그는 새로운 피조물입니다. 옛 것은 지나갔습니다. 보십시오, 새 것이 되었습니다(고린도후서 5:17).

예수님을 믿은 사람은 새로 창조된 것과 같다는 뜻입니다. 중고를 깨끗하게 닦은 정도가 아닙니다. 완전히 새 것입니다. 이전 것은 지나갔습니다. 우리가 육신으로만 살던 첫 번째 삶은 지나갔습니다. 이전의 나는 죽었습니다. 그리고 영으로 새롭게 태어난 내가 살게 되었습니다.

예수님을 믿은 사람은
새로 창조된 것과 같다는 뜻입니다.

중고를 깨끗하게 닦은 정도가 아닙니다.
완전히 새 것입니다.

이전 것은 지나갔습니다.
우리가 육신으로만 살던
첫 번째 삶은 지나갔습니다.

이전의 나는 죽었습니다.

그리고 영으로 새롭게 태어난
내가 살게 되었습니다.

예수님을 믿는다는 것은 무엇인가?

지금까지 살펴본 것에 따르면, 구원은 우리 능력으로 되지 않고 예수님을 믿음으로 가능하다고 했습니다. 여기서 말하는 믿음이란 정확히 어떤 의미일까요?

어떤 사람들은 단순히 하나님이 계심을 인정하는 걸 믿음으로 착각합니다. 그러나 하나님이 한 분임을 알고 그저 막연히 믿는 건 귀신들도 하는 일입니다(야고보서 2:19). 아니, 귀신들이 더 확실하게 하나님을 알고 있습니다. 그렇다고 귀신이 구원받습니까? 아니요, 그들은 오히려 하나님을 대적합니다. 여기서 오해하지 말 것은, 귀신은 죽은 사람의 영혼이 아니라는 겁니다. 사람이 죽으면 그 영혼은 하나님의 심판대 앞으로 갑니다. 원한을 품고 구천을 떠도는 일 따윈 없습니다. 귀신은 인간의 영혼인 척하기도 하는 마귀 수하의 영들입니다.

예수님을 진정으로 믿는 사람들을 보면 몇 가지 분명한 특징이 있습니다.

첫째, 회개하고 죄 사함을 받는다

하나님을 믿으려면, 먼저 하나님께로 돌이켜야 합니다. 즉 '회개'해야 합니다. 회개하지 않은 사람은 믿음이 없는 사람입니다. 귀신은 하나님을 알지만 회개하지 않습니다. 회개란 사전적으로 "죄나 잘못을 뉘우치고 마음을 고쳐먹음"을 뜻하지만, 성경이 말하는 회개는 단순히 잘못을 뉘우치는 게 아니라 하나님께로 돌이키는 것입니다. 자신이 하나님을 떠났음을 깨닫고 돌아가기로 결단하는 것입니다.

어떻게 돌아갑니까? 예수님을 믿어야 합니다. 예수님이 나의 죄 때문에 십자가에서 죽으신 것을 믿어야 합니다. 그 사실을 믿을 때 죄사함이 있다는 것을 믿어야 합니다. 예수님은 말씀하셨습니다.

내가 곧 길이요 진리요 생명이다. 나로 말미암지 않고서는, 아무도 아버지께로 올 사람이 없다(요한복음 14:6).

우리는 하나님이 사랑하시는 아들 안에서, 하나님의 풍성한 은혜를 따라서, 그분의 피로 구속 곧 죄의 용서를 받게 되었습니다(에베소서 1:7).

회개한 후 예수님의 십자가로 죄 사함 받았음을 교회 안에서 공개적으로 표현하는 것이 세례입니다. 세례를 받지 않았다고 해서 구원을 못 받는 건 아닙니다. 그러나 세례는 구원받은 신자가 거쳐야 할 가장 중요한 예식으로서 영적으로 크게 유익합니다.

둘째, 성령을 선물로 받는다

회개하고 죄 사함을 받으면 성령을 선물로 받습니다. 베드로는 이렇게 말했습니다.

회개하십시오. 그리고 여러분은 각각 예수 그리스도의 이름으로 세례를 받고, 죄의 용서함을 받으십시오. 그러면 성령을 선물로 받을 것입니다(사도행전 2:38).

성령은 성령 하나님입니다. 하나님의 영입니다. 그리스도의 영이라고도 합니다. 이 성령이 우리 안에 들어오십니다. 성령이 들어오신다는 건 단순히 하나님을 생각하는 마음이 생긴다는 뜻이 아니라 정말 하나님의 영이 들어오신다는 뜻입니다. 내 안에 영혼이 있듯 하나님의 영이 내 안에 있게 됩니다.

성경은 "하나님의 영이 여러분 안에 살아 계시면, 여러분은 육신 안에 있지 않고, 성령 안에 있습니다. 누구든지 그리스도의 영이 없으면, 그리스도의 사람이 아닙니다"(로마서 8:9)라고 말하고 있습니다. 성령 하나님은 우리에게 여러 가지 은사를 줘서 교회를 섬기게 하십니다. 또한 우리가 거룩한 하나님의 자녀로 살아갈 수 있도록 도우십니다.

셋째, 하나님의 자녀가 된다

믿음 안에 있는 사람은 이제 하나님을 '아버지'라고 부릅니다. 하나님의 자녀가 되는 것입니다.

그를 맞아들인 사람들, 곧 그 이름을 믿는 사람들에게는, 하나님의 자녀가 되는 특권을 주셨다(요한복음 1:12).

여러분은 또다시 두려움에 빠뜨리는 노예의 영을 받은 것이 아니라, 자녀로 삼으시는 영을 받았습니다. 그래서 우리는 그 영으로 하나님을 '아바, 아버지'라고 부릅니다. 바로 그때에 그 성령이 우리의 영과 함께, 우리가 하나님의 자녀임을 증언하십니다(로마서 8:15-16).

넷째, 주님을 따라 산다

회개합니다. 죄 사함을 얻습니다. 성령이 우리 안에 계시고, 하나님이 우리 아버지가 되십니다. 그 다음 단계는 무엇일까요? 믿음을 가진 사람은 이제 새로운 삶을 살게 됩니다. 더 이상 내 욕심을 따라 살지 않고 성령을 따라 삽니다. 하나님의 아들 딸답게 삽니다. 죄를 미워합니다.

그래서 예수님은 믿는 사람의 삶을 이렇게 말씀하셨습니다.

누구든지 나를 따라오려거든, 자기를 부인하고 제 십자가를 지고 나를 따라오라(마태복음 16:24).

여기서 '제 십자가'라는 것은 무엇일까요? 지금은 십자가라는 말을 들으면 기독교가 떠오르지만 예수님 당시 사람들은 딱 한 가지 이미지를 떠올렸습니다. 바로 끔찍한 '죽음'입니다. 당시 십자가는 가장 극악무도한 죄인을 사형시키는 형틀이었기 때문입니다. '제 십자가'란 곧 '자기 시체'라고 생각하면 됩니다. 이전에 내 맘대로 살던 나는 죽었습니다. 이제 새 사람입니다. 회

개하고 하나님께로 돌이키는 순간 인생의 방향이 정반대로 바뀌었습니다.

하나님을 향해 뛰면서 동시에 죄를 향해 뛸 수 있을까요? 이 말은 앞으로 뛰면서 동시에 뒤로 뛴다는 말과 같습니다. 불가능한 일이죠. 하나님을 믿으면 죄를 전혀 짓지 않게 된다고 오해하진 마십시오. 이건 방향의 문제입니다.

우리는 하나님을 향해 뛰면서도 넘어질 수 있습니다. 죄를 지을 때가 있습니다. 그러나 방향이 하나님을 향해 있기 때문에 일어나 가던 길로 계속 뛰어가면 됩니다. 끝까지 죄와 싸우면서 말이죠. 피 흘리기까지 말입니다. 이것이 바른 믿음을 가진 사람의 모습입니다.

예수님은 가족과 형제는 물론이고 자기 자신까지 미워해야 한다고 말씀하십니다.

누구든지 내게로 오는 사람은, 자기 아버지나 어머니나, 아내나 자식이나, 형제나 자매뿐만 아니라, 심지어 자기 목숨까지도 미워하지 않으면, 내 제자가 될 수 없다. 누구든지 자기 십자가를 지고 나를 따라오지 않으면, 내 제자가 될 수 없다(누가복음 14:26-27).

부모를 공경하라고, 이웃을 내 몸같이 사랑하라고 말씀하신 예수님이 한 입으로 두말하시다니요. 그럴 리 없습니다. 여기서 미워한다는 것은 모든 걸 하나님 중심으로 바꿔야 한다는 뜻입니다. 부모 공경도, 이웃 사랑도 하나님 안에서 해야 합니다. 하나님이 없으면 아무것도 아닙니다. 그래서 미워해야 한다고 표현하셨습니다.

여기서 아주 주의할 것은, 우리가 이렇게 잘해야 예수님께서 구원을 주겠다고 말씀하시는 게 아니라는 것입니다. 진정한 믿음은 이처럼 삶을 송두리째 바꾸는 것이니 잘 생각해서 믿고 따르라는 말씀입니다. 믿음은 구원 공식이 아닙니다. "예수님을 믿습니다. 예수님이 죽으심으로 제가 죄 사함 받고 구원받았음을 믿습니다. 아멘… 아싸! 구원받았다. 이젠 내 맘대로 살아도

난 천국이다!" 이런 것은 믿음일 수 없습니다.

믿음 안에 들어온 하나님의 자녀는 하나님 중심으로 살지 않을 때 괴로움을 느낍니다. 죄를 지으면 괴롭습니다. 예전엔 미처 몰랐던 것까지 죄로 느껴집니다. 어떤 친구들은 "왜 나는 죄를 지었는데도 죄책감이 크게 들지 않지?" 하며 죄책감이 들지 않는다는 죄책감에 사로잡히기도 합니다.

믿음의 자녀는 괴로워하는 데서 끝나지 않고 회개합니다. 구원받는 회개는 한 번에 끝나지만, 살면서 짓는 죄에 대한 회개는 계속하게 됩니다. 무엇보다 하나님께 죄송하니까요. 구원받으면 하나님과 부모 자식 관계가 되는데, 자녀로서 잘못했을 때 부모님께 죄송한 마음이 드는 게 당연합니다.

결국 구원받은 자녀는 다시 돌이키고 죄와 싸우게 됩니다. 지더라도 계속해서 싸웁니다. 예수님을 닮기 위해 노력합니다. 자신의 연약함을 성령 하나님께 고백하고 간절히 도움을 구합니다. 이것이 진정한 믿음을 가진 사람의 모습입니다.

천국, 부활 그리고 세상의 종말

우리가 죽은 뒤엔 어떤 일이 벌어질까요? 과연 이 세상의 끝은 어떤 모습일까요? 성경은 한 인생의 종말에 대해, 그리고 이 세상의 종말에 대해 분명하게 기록하고 있습니다.

예수님은 우리를 위해, 우리 죄를 지고 대신 죽으셨습니다. 거기서 끝일까요? 아닙니다. 예수님은 3일 만에 다시 부활하셨습니다. 죽음을 이기고 부활하셔서 예수님 안에 있는 사람들이 이처럼 죽음을 이기고 다시 살아난다는 것을 확실히 증명하셨습니다. 그리고 하늘로 올라가셨습니다.

여기서 매우 중요한 사실 하나! 예수님을 믿는 사람이 영원히 산다는 것은 단순히 죽어서 영혼이 천국에 간다는 뜻이 아닙니다.

자, 우리가 죽으면 영혼이 하나님의 심판대 앞에 가게 됩니다. 거기서 심판을 받고 천국과 지옥의 갈림길에 섭니다. 그런데 이 천국은 아직 완성된 천국이 아닙니다. 영혼만 임시로 머무는 곳입니다. 우리 육체는 여전히 무덤에 있습니다.

그러다가 세상이 끝나는 날이 찾아옵니다. 사람의 생명이 끝나는 날이 있듯 세상이 끝나는 날도 있습니다. 성경은 그때 예수님이 하늘에서 다시 내려오신다고 말합니다. 예수님이 다시 오시고 세상이 끝날 때, 무덤에서 자고 있던 우리 육체가 다시 살아납니다(고린도전서 15:20-23). 이미 흙이 되어 있겠지만 무슨 상관있겠습니까? 원래 사람은 흙으로 만들어진 걸요(창세기 2:7). 육체는 다시 만들어집니다. 다시 살아납니다. 부활하는 것입니다. 그리고 우리 영혼이 육체를 만나 완성된 하나님 나라에서 영원한 살게 됩니다.

하나님 나라는 영혼만의 나라가 아닙니다. 하나님은 영혼만 만들지 않으셨습니다. 육체도, 물질도 하나님께서 만드셨습니다. 그래서 하나님 나라가 완성되는 때 영혼의 세계도, 물질의 세계도 모두 회복되어 완전해집니다. 그곳에서 우리는 육신을 가진 영원한 생명으로 살게 됩니다.

"엥? 이 얼굴로 영원히 살라고요? 그런 비극이… 흑흑" 하는 친구가 혹시 있나요? 걱정 마세요. 완성된 하나님 나라에는 잘생기고 못생기고가 없습니다. 그런 시각 자체가 존재할 수 없는 나라입니다. 우월감도, 열등감도 없습니다. 사람이 사람을 볼 때 그 안에 있는 하나님의 영광을 봅니다.

모세가 시내산에서 하나님을 뵙고 내려올 때 얼굴에서 광채가 나서 사람들이 똑바로 보지 못하고 수건으로 가렸습니다. 그런 사람들이 모여 사는 곳이 하나님 나라입니다. 물론 완성된 하나님 나라에서는 수건으로 얼굴을 가릴 일은 없을 것입니다.

성경은 완성된 하나님 나라를 이렇게 묘사합니다.

나는 새 하늘과 새 땅을 보았습니다. 이전의 하늘과 이전의 땅이 사라지고, 바다도 없어졌습니다… 그때에 나는 보좌에서 큰 음성이 울려 나오는 것을 들었습니다. "보아라, 하나님의 집이 사람들 가운데 있다. 하나님께서 그들과 함께 계실 것이요, 그들은 하나님의 백성이 될 것이다. 하나님께서는 친히 그들과 함께 계시고, 그들의 눈에서 모든 눈물을 닦아 주실 것이니, 다시는 죽음이 없고, 슬픔도 울부짖음도 고통도 없을 것이다. 이전 것들이 다 사라져 버렸기 때문이다(요한계시록 21:1, 3-4).

예수님을 믿는 사람에게 죽음과 세상의 종말은 두려움이 아닙니다. "와, 예수님은 언제 다시 오실까? 언제 세상의 종말이 오고 하나님 나라가 완성될까?" 기대하고 소망합니다.

그렇다면 예수님은 언제 오실까요? 종말은 언제 닥칠까요? 많은 이들이 궁금해 합니다. 하지만 정확한 때와 시간은 아무도 알 수 없습니다. 몇 년 몇

월 몇 시에 종말이 온다고 주장하는 사람들은 모두 거짓말하는 자들입니다. 그때는 천사도 모르고, 심지어 예수님 자신도 모른다고 말씀하십니다(마태복음 24:36). '예수님은 하나님인데 어떻게 모르실 수 있지?' 이런 생각이 드는 친구가 있나요? 여기서 예수님이 모른다고 말씀하신 것은 정말 모른다는 게 아니라 사람으로서 아실 수 없다는 의미입니다. 다만 그때에 대해 한 가지 힌트를 주십니다.

이 하늘 나라의 복음이 온 세상에 전파되어서, 모든 민족에게 증언될 것이며, 그때에야 끝이 올 것이다(마태복음 24:14).

세상 끝까지 복음이 전해져 구원받을 사람들이 모두 구원받고 나면 예수님이 다시 오십니다. 그러면 세상은 끝나고 새롭고 완전한 하나님 나라가 이 땅에 세워집니다. 우리는 부활한 몸으로 그 나라에서 영원히 살아갈 것입니다. 이 놀라운 약속이 성경에 기록되어 있습니다.

구원, 끝이 아닌 새로운 삶의 시작

저는 강원도에 있는 102보충대라는 곳에서 군 생활을 시작했습니다. 그곳은 훈련소로 가기 전에 잠시 며칠 머무는 곳입니다. 훈련소에서 훈련받는 군인을 훈련병이라고 합니다. 훈련을 마치고 자기 부대를 배치받아 가면 먼저 이등병이 되고, 그 다음 순서대로 일병, 상병, 병장이 된 후 제대하게 됩니다.

보충대에 있을 때는 아직 훈련병도 아닙니다. 그냥 '장정'이라고 부릅니다. 아직 훈련병도 못 되었으니 하는 모양이 아주 볼 만합니다. "좌향 좌!" 하면 오른쪽으로 돌고, 왼쪽으로 돌고 서로 마주보고 아주 난리가 납니다. "앞으로 가!" 하면 손하고 발이 같이 앞으로 나갑니다. 아직 군복도 못 입었고, 당연히 총을 쏠 줄도 모릅니다.

그러나 분명 장정도 군인입니다. 보충대에 들어서는 순간 신분이 군인으로 바뀌기 때문에 거기서 힘들다고 집에 돌아가

면 탈영입니다. 사회법이 아니라 군법에 따라 처벌받습니다. 신분은 군인인데, 내용은 전혀 군인이 아닙니다. 군인으로서 아무 지식도, 실력도, 경험도 없기 때문입니다.

우리가 구원받은 그리스도인이 되는 것도 이와 같습니다. 구원은 어떤 자격을 갖췄기 때문에, 구원받을 만큼 잘 살았기 때문에 받는 게 아닙니다. 오직 예수님을 믿을 때 선물로 받습니다.

예수님을 믿고 구원받은 우리의 상태는 장정과 같습니다. 신분은 하나님 자녀인데 아는 것도 없고 믿음도 제대로 갖추지 못했습니다. 이것은 당연한 일입니다. '나는 구원받았는데 왜 여전히 죄를 지을까?'라고 고민할 필요없습니다. 구원은 받았지만 아직 죄를 이길 실력이 없어서 그런 거니까요.

세상의 종교에선 구원이 끝입니다. 열심히 살면 그 공로로 구원받고 그걸로 끝입니다. 그러나 기독교 신앙에서 구원은 시작입니다. 하나님과의 영원한 동행이 시작되는 것입니다.

이제는 허무하게 죽고 끝나는 삶이 아닙니다. 죽어서 심판받는 비극적인 삶이 아닙니다. 새로운 삶이 시작됩니다.

처음엔 서툴고 미흡하겠지만
우리 앞엔 영원이라는 시간이 있습니다.

우리는 점점 더 그리스도이다워질 것입니다.

이것은 하나님께서 우리를 도와
반드시 이루실 일입니다.

여러분 가운데서 선한 일을 시작하신 분이, 그리스도 예수의 날까지 그 일을 완성하실 것입니다. 나는 이것을 확신합니다 (빌립보서 1:6).

이 일은 우리 혼자서 하지 않습니다. 예수님은 하늘로 올라가면서 두 가지 일을 하셨습니다. 첫째, 성령 하나님을 보내 주셨습니다. 성령 하나님께서 우리를 도우십니다.

이와 같이, 성령도 우리의 약함을 도와주십니다. 우리는 어떻게 기도해야 할 것도 알지 못하지만, 성령께서 친히 이루 다 말할 수 없는 탄식으로, 우리를 대신하여 간구하여 주십니다. (로마서 8:26).

둘째, 교회를 세우셨습니다. 교회란, 눈에 보이는 교회 건물이 아니라 예수님을 믿는 성도들의 모임입니다.

고린도에 있는 하나님의 교회에 이 편지를 씁니다. 우리는, 그리스도 예수 안에서 거룩해지고 성도로 부르심을 받은 여러분에게, 또 각처에서 우리 주 예수 그리스도의 이름을 부르는 모든 이들에게 문안드립니다. 예수 그리스도께서는 이러한 모든 사람의 주님이시요, 또 우리의 주님이십니다(고린도전서 1:2).

구원의 복된 소식, 예수님이 가져다주신 복음을 듣고 믿는 사람들은 교회 일원이 됩니다. 교회 안에서 우리는 말씀을 받고, 함께 기도하며, 주님의 모습으로 성장해 갑니다. 또한 아직 복음을 듣지 못한 사람들에게 복음을 전합니다.

혼자서 신앙을 세워 갈 수 있는 사람은 없습니다. 우리는 약합니다. 함께해야 합니다. 그래서 예수님이 직접 교회를 세우셨습니다. 그리고 교회를 예수님의 몸이라고 하셨습니다. 손과 발이 함께하듯 서로 도우며 세워 가라고 하셨습니다.

그러므로 예수님을 믿기로 결심한 사람이 가장 먼저 할 일이 있습니다. 하나님의 가족 공동체인 교회를 찾아가야 합니다. 교회 안에서 공동체의 한 사람으로서 충실하게 말씀을 배우고 기도하고 섬겨야 합니다. 그럴 때 믿음이 더욱 굳건해집니다. 하나님께서 주시는 은혜를 더욱 풍성히 누리게 됩니다.

아, 이제 작별의 시간입니다. 하나님은 여러분을 하나님의 형상으로 소중히 만드셨고, 여러분을 생명 다해 사랑하셨습니다. 하나님은 모두를 사랑하시지만 모두가 하나님의 사랑을 누리는 것은 아닙니다.

부디 이 글을 읽는 여러분의 심장에 하나님의 이 사랑이 가서 닿길, 그래서 말할 수 없이 풍성한 하나님의 사랑과 하나님을 알아가는 기쁨을 앞으로 더욱 누리길 기도합니다.

사랑합니다. 축복합니다.
여러분은 온 세상보다 귀한 한 영혼입니다.

이재욱

오랫동안 십대들과 호흡하며 어떻게 그들의 영적 필요를 채워 줄 수 있을지 고민해 온 말씀의 심부름꾼. 유스코스타(Youth KOSTA) 강사이며, 여러 강의와 집회로 섬기고 있다. 현재 서울 대방중앙교회 담임목사다. 주요 저서로 『중고등부, 2년 안에 성장할 수 있다』, 『교사를 다시 일으켜 세우는 5가지 힘』, 『부족해도 괜찮아』, 『내 주인의 정원』, 『KIWY 청소년 성경공부 시리즈』, 『나의 선택과 하나님의 뜻』(좋은씨앗) 등이 있다. cteen@hanmail.net

김경찬

재미있게 그림 그리는 일러스트레이터. 다양한 분야의 삽화와 만화를 그리고 있다. 그린 책으로 『할머니를 팔았어요』, 『실패의 전문가들』(샘터), 『공책 레시피』, 『초등한국사! 진짜 역사수업을 말한다』(즐거운학교) 외 다수가 있다.

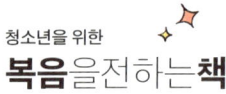

청소년을 위한
복음을전하는**책**

초판 1쇄   2015년 4월 30일
초판 6쇄   2022년 3월 12일

지은이 / 이재욱
그린이 / 김경찬

펴낸이 / 신은철
펴낸곳 / 좋은씨앗
출판등록 / 제4-385호(1999. 12. 21)
주소 / 서울시 서초구 바우뫼로 156, 402호
주문전화 / (02)2057-3041 주문팩스 / (02)2057-3042

www.gsbooks.org
www.facebook.com/goodseedbook

ISBN 978-89-5874-240-1   03230